KB265913

왕을 사로잡은
조선의 덕후들

일러두기

1. 이 책은 조선의 왕을 사로잡은 인물들뿐 아니라, 한 분야에 깊이 몰두해 시대를 움직인 '덕후들'의 이야기도 함께 담고 있습니다. 일부 인물은 왕과의 직접적인 인연이 두드러지지 않지만, 그들의 열정과 몰입의 힘을 보여 준다는 점에서 함께 소개했습니다.

2. 본문 58쪽, 78쪽, 98쪽, 118쪽, 144쪽의 이미지는 생성형 AI로 제작되었습니다.

방과 후 인물 탐구 16
왕을 사로잡은
조선의 덕후들
송영심 지음
과학부터 예술까지,
취미로 역사를 바꾸다
다른

집요하게 악보를 다듬고 정리해
조선의 소리를 새롭게 만든

ISTJ

궁중 예악에 진심이었던 음악 덕후

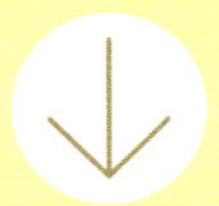

박연

1378~1458

문신·음악가

지금 세계는 태평양 끝에 자리한 작은 나라, 한국의 문화예술에 푹 빠져 있어. BTS와 블랙핑크가 지핀 열기가 활활 타오르면서 그 인기는 케이팝을 넘어 임윤찬, 조성진 같은 연주자들이 이끄는 클래식 음악으로까지 이어지고 있지. 이건 단순한 우연이 아니야. 우리에게는 예로부터 흥과 음악을 사랑하는 열정, 그리고 무한한 창의력이 흐르고 있었거든. 이런 힘은 오래전부터 이른바 한 '음악 덕후'의 피를 타고 전해져 왔어.

그가 마음껏 재능을 펼칠 수 있도록 길을 열어 준 사람은 다름 아닌 조선의 위대한 임금, 세종대왕이야. 세종이 발탁한 그 인물 덕분에 조선의 음악사는 새로운 시대를 맞이했어. 또 그가 남긴 유산은 '종묘 제례악'이라는 이름으로 유네스코 세계문화유산에 등재되기도 했지. 그럼 지금부터 조선 시대의 원조 음악 덕후, 박연의 이야기를 시작해 보자.

난 슬플 때 피리를 불어

박연의 호는 난계야. 난계는 난초 난蘭 자에 시냇물 계溪 자를 합친 말이지. 박연은 충청북도 영동에 있는 고당리에서 태어났어. 그의 집에 난초가 유독 많이 피었고, 그가 유난히 난초를 좋아했다고 해. 그래서 사람들은 박연을 '난계 선생'이라고 불렀단다.

지금도 이 지역에서는 매년 영동 난계국악축제가 열리고, 2000년에는 난계국악박물관도 세워졌어. 모두 난계 박연을 기념하기 위한 것이지. 그만큼 박연은 존경받을 만한 위대한 업적을 많이 남겼어. 가야금을 신라에 전한 우륵, 거문고를 만든 고구려의 왕산악과 함께 우리나라 '3대 악성'으로 손꼽힐 정도야. 악성이란 음악을 만들고 다듬어 우리 음악의 기틀을 세운 가장 뛰어난 음악가를 뜻해.

세상을 떠난 지 600년이 넘었지만 여전히 고향에서 사랑받는 박연은 사실 집안도 꽤 이름난 명문가였어. 아버지는 고려 말에 나랏일을 하던 문신이었는데, 지금으로 치면 경제 부처의 차관쯤 되는 높은 벼슬을 지냈지. 그런데 안타깝게도 박연이 열여덟 살이 되던 해에 아버지가 돌아가셨어.

박연과 함께 3대 악성이라 불리는 우륵(왼쪽)과 왕산악(오른쪽)

박연은 어릴 때부터 효심이 깊었어. 아버지를 여읜 뒤에는 무려 3년 동안 묘소 옆에 작은 집을 짓고 살면서 삼시 세끼를 죽으로만 때웠단다. 이런 걸 '시묘살이'라고 해. 말 그대로 부모님 묘 옆에서 지내며 슬픔을 함께하는 전통이야.

3년의 시묘살이를 마치고 일상으로 돌아가려던 때, 이번에는 어머니가 세상을 떠났어. 그때 박연의 나이는 겨우 스물한 살이었지. 몸도 많이 지쳐 있었지만 그는 쉬지 않고 어머니 곁에서 다시 3년 동안 시묘살이를 이어 갔어.

박연은 마음이 울적한 때면 피리를 꺼내 불며 스스로를 위로했다고 해. 공부를 하다가도 쉬는 시간에 피리를 불며 마음을 다독였어. 예전에 영동의 향교(지방 학교)에서 공부할 때 피리를 잘 부는 이웃에게 배운 것이 계기가 되었지. 그의 피리 솜씨는 취미 수준이 아니라 영동 일대에 소문이 날 만큼 뛰어났어. 실력이 워낙 뛰어나서 마을 사람들 사이에서는 '피리의 명수'로 불릴 정도였단다.

이와 관련한 흥미로운 일화가 있어. 박연은 부모의 묘소에서 6년 동안 시묘살이를 하면서도 밤마다 마음을 달래기 위해 피리를 불었어. 그 소리가 얼마나 구슬펐는지 들짐승과 날짐승까지 모여들었다는 거야. 어느 날에는 그의 앞에 호랑이가 나타났는데, 해칠 기색은 전혀 없이 묘소 곁에 조용히 앉아 밤을 지냈다고 해. 그 뒤로도 박연이 피리를 불면 호랑이는 어김없이 찾아와 함께 묘를 지켰다는 전설이 전해져.

이 이야기를 기려 영동군에 있는 박연의 묘 앞에는 의호총義虎塚이라는 호랑이 무덤이 세워져 있어. 박연이 6년이라는 긴 시묘살이를 마친 뒤, 나라에서는 그의 효성을 높이 평가해 부모에게 효도를 극진히 한 사람에게 주던 표창인 '효자 정려'를 내렸어. 그 비석은 지금도 난계사에 보존되어 있지.

세종도 인정한 피리의 달인

박연이 피리만 잘 불었느냐 하면 아니야. 그는 '열공러'이자

'갓생러'이기도 했어. 글을 쓰기만 하면 명문장이 술술 나올 만큼 글재주도 뛰어났단다. 28세에는 과거 시험의 첫 단계인 생원시에 합격했고, 34세에는 마침내 문과에도 붙었어. 일부 기록에는 이때 박연이 장원 급제를 했다고 적혀 있기도 해. 하지만 문과는 갑과·을과·병과처럼 등급이 나뉘고, 여기에 들지 못한 사람을 '동진사'라고 불렀어. 박연은 이 동진사 가운데서도 1등으로 합격한 거야. 그러니 장원은 아니었어도 대단한 성적이었던 건 분명하지.

조선의 제3대 왕 태종은 박연의 글재주를 눈여겨봤어. 그래서 왕세자의 교육을 맡던 기관인 세자시강원에서 문학이라는 벼슬을 내렸지. 쉽게 말해 세자의 공부를 돕는 선생님 역할을 맡긴 거야. 그 덕분에 박연은 인생을 바꿔 줄 인물을 만나게 돼. 우리가 잘 아는 세종대왕, 왕이 되기 전의 충녕대군이야. 1418년, 태종은 당시 세자였던 양녕대군이 방탕한 생활을 한다는 이유로 그를 폐위하고, 셋째 아들인 충녕대군을 새롭게 세자로 세웠어.

세자 시절의 충녕대군은 박연이 부는 피리 소리를 무척 좋아했다고 해. 공부를 하다가 지치면 "스승님, 피리 좀 불어 주세요." 하고 부탁할 정도였지. 그만큼 박연은 세종도 인정한 피리의 달인이었어. 그런데 그가 처음부터 피리를 잘 불었던 건 아니야. 박연의 노력이 얼마나 대단했는지를 보여 주는 유명한 일화가 전해 내려와.

박연은 과거 시험을 보러 한양에 갔다가 장악원에 들렀어. 장악원은 지금의 국립음악원 같은 곳이야. 전국에서 연주를 가장 잘하는 사람들이 모여 있던 곳이지. 그곳에서 한 악공을 만났는데, 그는 피리를 잘 불기로 이름난 명인이었어. 박연은 그 악공에게 가르침을 청하며 그 앞에서 피리를 연주했어. 그러자 악공이 크게 웃으며 이렇게 말했다고 해.

"음절(음 하나하나)이 속되어 절주(리듬)에 맞지 않습니다. 게다가 나쁜 버릇이 굳어 있어 고치기 어려워 보입니다."

거절을 당했지만 박연은 포기하지 않았어.

"그래도 꼭 배우고 싶습니다."

그는 매일 빠짐없이 연습했지. 며칠 뒤 악공이 말했어.

"이제는 배울 자격이 있습니다."

또 며칠이 지나자 이렇게 말했어.

"기본기가 잡혔으니 앞으로 크게 될 것입니다."

그런데도 박연은 연습을 멈추지 않았어. 다시 며칠이 흐르자 악공은 그의 연주를 듣다가 무릎을 탁 치며 외쳤단다.

"이제는 제가 도저히 따라가지 못하겠습니다!"

당시 악공은 신분이 낮게 여겨졌지만, 박연은 그런 점을 전혀 개의치 않고 고개 숙여 배우려 했어. 박연이 단순히 재능만 뛰어난 사람이 아니라 성실하고 겸손하게 노력하는 인물이었음을 알 수 있지.

궁중 음악을 정리한 조선의 마에스트로

세종은 왕위에 오른 뒤 박연의 음악적 재능을 높이 평가해 중요한 자리를 맡겼어. 제사를 담당하는 일과 궁중 음악을 책임지는 일을 담당하게 했지. 세종은 예절과 음악이 조화를 이루는 이상적인 유교 국가를 만들고자 했는데, 그 중심에 박연을 세운 거야.

> **지식 더하기** ⊗ ⊖ ⊗
>
> **세종이 꿈꾼 유교 국가**
>
> 세종은 왕의 힘이 아니라 예절과 도덕, 학문의 발전과 인재 양성을 통해 태평한 유교적 이상국가를 꿈꿨어. 그는 나라의 주인이 백성이라고 보았기에 농사·의학·과학 기술을 발전시키고 훈민정음을 만들어 백성의 삶을 실제로 편안하게 하려고 노력했지. 또 신분보다 실력을 중요하게 여겨 인재를 뽑고, 교육과 예절을 통해 사람들이 스스로 바르게 살아가는 나라를 만들고자 했어.

인재를 알아보는 세종의 눈은 정확했어. 그때부터 박연은 눈부신 활약을 펼치기 시작했거든. 《조선왕조실록》에도 그의 활동에 관한 기록이 여러 차례 등장해.

박연은 처음 세종에게 이렇게 건의했어.

“음악에 관한 자료가 여기저기 흩어져 있어 찾기 어렵고, 중요한 악서(음악 서적)도 구하기 힘듭니다. 지금 정리하지 않으면 전통 음악의 맥이 끊길지도 모릅니다.”

그는 향악(우리 음악), 당악(중국 음악), 아악(중국의 제사 음악) 등 다양한 음악을 체계적으로 정리해 책으로 엮자고 제안했어. 세종은 그 뜻을 흔쾌히 받아들였지. 박연은 여기에 그치지 않고, 악기의 그림과 악보를 적는 방법까지 정리하자는 의견을 냈어.

그다음 해에는 명나라에서 들여온 악기들을 직접 시험해 보면서 음색을 살폈어. 이때 조선에서 오래 사용하던 대나무 피리 형태의 ‘저’라는 관악기 대신 명나라의 ‘소관’을 사용하면 소리가 더 조화롭다는 사실을 밝혀냈지.

이런 식으로 박연은 악기와 음계, 연주 방법까지 하나하나 점검하며 국악을 체계적으로 정비해 나갔어. 그가 평생 음악과 관련해 올린 상소문만 해도 무려 29편이나 된다고 해. 이 글들은 후손들이 《난계유고》라는 문집으로 엮어 19세기에 펴냈단다.

박연은 오늘날로 보면 오케스트라 지휘자, 마에스트로와 같은 존재였어. 그의 상소문에 등장하는 악기들만 봐도 그가 얼마나 다양한 악기를 이해하고 다룰 줄 알았는지 짐작할 수 있지. 예를 들면 이런 악기들이 있었어.

- 금·슬 : 거문고처럼 생긴 현악기

- 석경 : 돌로 만든 타악기

- 방향·훈 : 입으로 소리를 내는 관악기

- 축 : 나무 상자 모양의 타악기

- 종경·편종·토부·어·대고·뇌고·노고·건고 등 수십 가지 타악기

이 모든 악기를 아는 것은 물론이고, 각각의 소리가 지닌 문제점이 무엇인지 짚어 내고 어떻게 고쳐야 더 좋은 소리가 나는지도 설명했어. 단순한 감각이 아니라 이론과 실기에 두루 뛰어난 음악가였던 거야. 박연은 그야말로 음악에 통달한 인물이었지.

율관으로 음의 기준을 세우다

어느 날 박연은 세종에게 이렇게 아뢰었어.

"전하, 우리나라 음악을 제대로 발전시키려면 음의 기준이 필요합니다. 그 기준을 세울 수 있는 것이 바로 '율관'입니다."

율관이란 쉽게 말해 '기준 음'을 내는 대나무 관이야. 음악에서 정확한 음을 잡는 일은 아주 중요해. 조선 시대에는 지금처럼 피아노 조율기나 디지털 장비가 없었기 때문에 정확한 소리를 내는 기준 도구가 꼭 필요했거든. 그래서 박연은 나라의 음악을 바로 세우기 위해 12개의 율관, 곧 12개의 기준 음을 마련해

악기의 음을 맞추는 데 사용되는 튜너

야 한다고 생각했어.

기준 음 가운데 가장 기본이 되는 소리는 '황종'이야. 당시 중국의 책 《한서》에는 좁쌀의 일종인 기장 90알을 길게 늘어놓고, 그 길이에 맞춰 대나무를 잘라 율관을 만들라고 적혀 있었어. 박연은 곧바로 실행에 옮겼지. 기장으로 유명한 해주에 가서 기장 90알을 한 줄로 늘어놓고, 그 길이에 맞게 대나무를 잘라 황종율관을 만들었어.

그런데 소리가 이상했어. 중국의 황종율관보다 더 높은 소리가 났거든. 박연은 왜 똑같은 방법으로 만들었는데 소리가 다를까 고민에 빠졌어. 책을 산더미처럼 쌓아 놓고 며칠 밤낮으로 거듭 생각했지. 그러다 마침내 원인을 찾아냈어.

"해주는 땅이 메마르고 비가 적어 기장 알이 중국 것보다 작았던 거구나!"

기장 알이 작으니 같은 90알이라도 전체 길이가 더 짧아지고, 그에 따라 대나무 관도 짧아져 음이 높아졌던 거야. 원인을 알아낸 박연은 다시 율관 제작에 나섰어. 이번에는 밀랍으로 기장 모양을 본떠 크기를 조금 키운 뒤 그것을 기준으로 대나무를 잘랐지. 결과는 대성공이었어. 드디어 중국의 황종율관과 같은 음을 내는 율관을 만들어 낸 거야.

절대음감 세종과 편경 제작기

박연이 율관을 완성하자 세종은 이번에는 편경을 만들도록 명했어. 편경은 돌로 만든 타악기로, '탕탕' 하는 맑은 소리가 나. 그런데 문제가 있었어. 당시 조선에는 중국에서 들여온 편경이 단 하나뿐이었거든. 게다가 그 하나마저도 12음이 전부 제각각이라 음이 정확히 맞지 않았지. 세종은 조선만의 편경을 제대로 만들고 싶어 했어. 그래서 박연이 만든 율관을 기준으로 우리 기술과 재료로 새 편경을 제작하라고 한 거야.

박연은 경기도 남양주에서 나는 질 좋은 돌을 구해 와 마침내 조선 최초의 편경을 만드는 데 성공했어. 세종 9년, 1427년의

조선 시대에 만들어진 편경

일이었지. 이 편경과 관련해 전해 내려오는 유명한 일화가 있어.

박연이 새로 만든 편경을 울리자 그 맑은 소리에 세종은 크게 감탄했어. 그런데 곧 세종이 툭 한마디를 던졌지.

"소리 하나가 조금 높은 듯하구나."

아무도 눈치채지 못한 차이를 세종이 정확히 짚어 낸 거야. 박연은 순간 얼굴이 붉어졌지만, 편경을 자세히 살펴보고 원인을 찾아냈어.

"먹줄 자국 때문이옵니다. 돌을 자르기 위해 그어 둔 선이 남아 있사옵니다. 이것을 없애면 소리가 바로잡힐 것입니다."

　　박연은 편경 앞으로 다가가 직접 먹줄 자국을 갈아 냈어. 그러자 그의 말대로 한층 더 정확하고 맑은 소리가 울려 퍼졌어. 이 모습을 지켜보던 신하들은 세종의 절대음감과 박연의 재주에 감탄했다고 해.

　　이후 세종은 종묘 제례에 쓰일 악기의 제작을 아예 박연에게 맡겼어. 그에 따라 박연은 1년 3개월에 걸쳐 편경과 특경 등 528개의 악기를 완성했단다. 진정 음악을 사랑한 사람만이 보여 줄 수 있는 열정과 노력, 집념의 결과였지. 세종 역시 그의 수고를 크게 평가했어.

　　"악기 만드는 일은 박연에게 맡겨야 소리도 좋고 절주도 조화롭다."

　　박연은 종묘 제례에 쓰이던 악기와 그 음악인 아악의 문제점을 조목조목 짚은 상소도 올렸어. 그 결과 아악을 체계적으로 정리하는 큰 업적을 이루었지. 이는 조선 음악사에서 매우 획기적인 일이었어.

　　아악이 정비되자 궁궐의 분위기도 달라졌어. 왕과 신하들이 만나 국정을 논의하던 조회 때, 예전에는 우리 고유의 음악인 향악을 연주했는데 이제는 아악을 사용하기 시작한 거야. 4년 뒤에는 외국에서 온 사절단을 맞이하는 자리에서도 아악이 울려 퍼졌고, 사람들은 새롭게 정비된 음악이 무척 훌륭하다며 기뻐했다고 해.

세종은 박연에게 말과 안장을 상으로 내리며 크게 칭찬했어. 박연이 병이 들었다는 소식을 들었을 때는 직접 위로의 말을 전할 만큼 그를 아꼈지. 게다가 세종은 신하들 앞에서 이렇게 말하기도 했어.

"박연은 가히 세상일에 통달한 학자다."

이후 박연은 중요한 관직을 두루 맡았고, 세종 27년인 1445년에는 명나라에 파견되는 외교 사절단의 대표로 활약했어. 마침내 음악을 총괄하는 기관인 관습도감의 가장 높은 직책에도 오르게 되었지. 처음에는 궁중 음악만을 담당하던 인물이, 결국 조선 음악 행정의 최고 책임자가 된 거야.

외교 사절단

나라를 대표해 다른 나라에 공식적으로 파견된 사람들을 말해. 조선 시대에는 주로 중국이나 일본 등에 가서 왕의 뜻을 전하고 예물을 주고받으며 외교 관계를 유지했지. 이들은 중국에서는 발달된 문화를 배워 왔고, 일본에는 문화를 전달해 주는 역할도 했어. 그래서 사절단은 조선을 대신해 말하고 행동하는 나라의 얼굴 같은 존재였어.

어둠을 짊어지고 고향으로

박연이 늘 승승장구하기만 한 건 아니야. 명나라에 사절단을 이끌고 갔을 때, 신분을 증명하는 중요한 문서를 잃어버렸다가 뒤늦게 되찾은 일이 있었어. 그 일로 관직에서 물러나야 했지. 2년 뒤에 복직하긴 했지만 또 다른 문제가 생겼어. 누이가 세상을 떠났는데 장례를 제대로 치르지 않고 재산만 가로챘다는 의혹을 받았거든.

게다가 나라의 관리인 공인 신분이면서 악공을 사적으로 거느리고 다니며 돈을 벌었다는 이유로 사헌부의 탄핵을 받았어. 사헌부는 조선 시대에 관리들의 잘못을 감찰하고 바로잡는 기관이야. 관리가 뇌물을 받거나 부당한 일을 하면 조사해서 벌을 주자고 건의하는 역할을 했지. 결국 박연은 관직에서 물러나야 했어.

가정사도 순탄하지 않았어. 아들 가운데 박자형은 혼인 첫날, 혼수가 부족하다는 이유로 신부를 내쫓았다가 곤장 60대를 맞고 1년 동안 옥살이를 했어. 또 막내아들 박계우는 계유정난 때 수양대군에 맞섰던 김종서와 안평대군 편에 섰다는 이유로 처형되었지.

연좌제 때문에 박연 역시 가족의 죄에 엮여 함께 처벌을 받을 위기에 놓였어. 하지만 세조가 "박연은 세 임금을 섬긴 원로다"라고 말하며, 오랫동안 나라에 공을 세운 신하라는 점을 높이 평가했지. 그 덕분에 무거운 벌은 면하고 관직에서 물러나는 선

계유정난

1453년 수양대군이 권력을 잡기 위해 일으킨 정치적 사건이야. 어린 단종을 도와 나라를 이끌던 노대신들을 제거하고 군사력을 이용해 정권을 장악했지. 겉으로는 나라를 바로잡겠다고 했지만, 실제로는 왕위에 오르기 위한 권력 다툼이었어. 이 일로 조선의 정치 분위기가 크게 흔들렸고, 결국 수양대군이 왕위에 오르며 세조가 되었어.

에서 마무리되었단다.

그 뒤 박연은 고향으로 돌아가기로 결심했어. 그는 하인 한 명만 데리고 한양을 떠나던 날, 배웅 나온 사람들 앞에서 피리를 꺼내 불었다고 해. 그 소리가 얼마나 처연했는지 듣는 이들의 마음을 울렸다고 전해져. 그렇게 고향 영동에 돌아간 그는 81세의 나이로 생을 마쳤어.

이야기는 거기서 끝나지 않아. 박연이 세상을 떠난 뒤 성종은 그의 공로를 다시 인정해 빼앗겼던 벼슬과 명예를 회복시켜 주었어. 그리고 그의 삶과 업적을 기려 '문헌'이라는 시호도 내렸지.

비록 박연의 삶에서 집안사는 평탄하지 않았지만 음악에서만큼은 누구보다 뛰어났어. 같은 시대를 살았던 문신 서거정은 자신의 수필집에 이렇게 적기도 했지.

박연은 그렇게 10여 년이 넘는 세월 동안 끊임없이 노력한 끝에 마침내 음악의 대가로 우뚝 선 거야.

'음악 천재'로 이름났던 그의 모습은 과연 어땠을까? 국립국악원에는 조선 시대 장악원에서 전해진 박연 부부의 초상화가 보관되어 있어. 복사본은 고향 영동군에도 전해진다고 해.

박연은 여든한 살까지 살았지만 초상화 속 모습은 중년의 모습이야. 그림 속 그의 눈빛은 마치 우리를 지그시 바라보며 이렇게 말하는 듯해.

"그래, 나는 조선에서 음악으로는 최고였지. 처음에는 그저 음악이 좋아서 시작했지만 내가 이룬 일들이 저절로 이루어진 건 아니야. 공부도 게을리하지 않았고, 학문도 깊이 파고들었지. 그러다 보니 자연스럽게 이치를 깨닫게 되었고, 우리 음악을 더욱 잘 이해하게 되었어. 좋아하는 마음도 노력 없이는 완성될 수 없는 법이야."

박연은 타고난 재능만으로는 진정한 '덕후'가 될 수 없다는 사실을 몸소 보여 준 인물이었어.

박연 부부의 초상화

세종이 인재를
키운 방법

세종은 왕위에 오른 지 2년째 되던 1420년에 집현전을 세웠어. 집현전으로 젊고 유능한 인재들을 불러 모았고, 이를 통해 조선의 학문 수준을 크게 높였지. 사람을 알아보는 눈이 뛰어났던 세종은 신하들의 능력에 맞게 역할을 나누어 주었고, 깊은 신뢰와 배려로 그들을 대했단다. 학자들이 마음껏 연구할 수 있도록 많은 책을 제공했으며, 자유롭게 의견을 나누고 토론할 수 있는 분위기도 마련했지. 이에 신하들은 자신의 역량을 최대한 발휘해 성과로 보답했어. 이처럼 세종의 인재 등용 방식은 합리적이고 포용적이었어.

그 대표적인 예가 박연이야. 세종은 박연이 궁중 음악을 정비하고 악기를 개량할 때 그의 의견을 주의 깊게 들었어. 그러고는 잘된 점과 보완 할 점을 분명히 짚어 주었지. 박연의 능력을 높이 평가하며 격려와 칭찬도 아끼지 않았어. 이에 감동한 박연은 연구에 더욱 힘썼고, 마침내 뛰어난 음악적 성과를 이루어 냈단다. 세종이 얼마나 열린 자세로 사람을 대하고, 인재를 소중히 여겼는지 잘 알 수 있지.

또 다른 예로, '사가독서제'라는 특별한 제도가 있었어. 오늘날 대학 교수의 '안식년'과 비슷한 제도야. 일정 기간 집에서 휴식을 취하며 독서와 연구에 전념할 수 있도록 휴가를 주는 제도였지. 그 기간 동안의 생활비는 모두 나라에서 지원했어. 사가독서제는 1426년부터 시행되었고, 젊고 재능 있는 인재들이 새로운 생각을 키우며 학문에 집중할 수 있도록 도왔어.

사가독서제를 마치고 돌아온 집현전 학사들은 새롭게 쌓은 지식과 아이디어를 바탕으로 다시 열정적으로 연구에 매진했지. 그 결과 《용비어천가》, 《삼강행실도》, 《국조오례의》, 《농사직설》, 《향약집성방》, 《의방유취》 같은 뛰어난 책들이 탄생할 수 있었어. 이처럼 집현전은 세종 시대의 학문의 중심 기관이었고, 조선의 지식 문화를 꽃피운 핵심 역할을 했단다.

탁월한 외국어 실력으로
외교 현장을 치밀하게 이끈

ENTJ

2

말로 조선을 움직인 외국어 덕후

신숙주

1417~1475

문신·학자

숙주나물은 녹두에서 싹을 틔워 먹는 나물이야. 숙주나물은 고사리나 도라지 같은 나물들과 함께 제사상에 자주 오르지. 그만큼 조선 시대에도 즐겨 먹던 음식이었고, 특히 어른의 생신날 아침상에 올리는 반찬 가운데 하나였어.

하지만 숙주나물은 쉽게 상한다는 단점이 있어. 사람들은 어제까지 싱싱하던 나물이 하루아침에 쉬어 버리는 모습을 보며 신숙주의 변절을 떠올렸어. 그래서 이 나물을 '숙주나물'이라고 부르게 되었다는 이야기가 전해 내려와. 심지어 만두소에 숙주나물을 짓이겨 넣는 것조차 그의 변절을 응징하는 뜻에서 비롯되었다는 말도 있어.

이처럼 신숙주는 오랫동안 부정적인 이미지로 기억되어 왔어. 하지만 오늘날에는 그의 정치적 선택과 별개로, 여러 나라의

언어를 익히고 외교와 번역에 뛰어난 능력을 보였던 학자로서
의 면모도 다시 조명되고 있지.

신숙주는 과연 어떤 인물이었을까? 사람들은 왜 그를 '변절
자'라고 불렀을까? 그리고 지금 우리는 왜 그를 '외국어 덕후'로
바라보려 할까? 이제 그 이야기를 하나씩 풀어 보자.

임금에게 인정받은 '브레인 중의 브레인'

신숙주의 경력은 참으로 화려해. 그는 세종·문종·단종·세조·
예종·성종까지 무려 여섯 임금을 모셨고, 그들로부터 깊은 신뢰
와 총애를 받았어. 그가 임금에게 얼마나 각별한 대우를 받았는
지를 보여 주는 일화도 여럿 전해지고 있지.

훈민정음을 창제한 세종은 인재를 모아 학문을 연구하게
하고, 이를 나라 발전의 중심에 두기 위해 집현전을 만들었어.
신숙주는 1438년, 스물한 살에 진사시 초시와 복시에서 모두 1등
을 차지했고, 생원과에도 합격했어.

그야말로 전국 1등 수준이었던 거야. 그다음 해에는 임금
앞에서 치르는 문과 시험에서도 3등으로 합격했지. 왜 1등이 아
니라 3등이냐고 생각할 수도 있어. 조선 시대 과거 시험은 3년에
한 번 열렸고, 전국에서 단 33명만 뽑았어. 그러니 신숙주의 성
적은 지금으로 치면 수능 1등급에 해당한다고 볼 수 있어. 게다

현재 경복궁에 남아 있는 집현전의 수정전 © De-Shao Liu (Terry850324); 위키미디어

가 당시에는 대부분 30대에 과거에 급제했는데, 그는 20대 초반에 합격했으니 영재였다고 할 만하지.

신숙주는 글을 매우 잘 써서 문과에 붙었을 때부터 세종의 눈에 들었어. 관리가 된 지 2년 만인 스물다섯의 젊은 나이에 조선 최고의 학문 기관인 집현전의 '부수찬'으로 임명되었지. 부수찬은 집현전에 소속된 엘리트 학자들이 맡는 자리로, 임금 가까이에서 학문을 연구하고 정책에 대해 조언하는 역할을 했어. 말 그대로 '브레인 중의 브레인'이었던 셈이야.

말로 조선을 움직인 외국어 덕후

책 읽기를 무척 좋아했던 신숙주는 궁궐 서고에서 닥치는 대로 탐독했고, 밤늦도록 남아 연구를 이어 갔어. 숙직도 마다하지 않았다고 해.

아주 유명한 일화가 있어. 어느 날 밤, 세종은 '집현전 학사들은 밤에 무엇을 하고 있을까?' 하는 궁금증이 일었어. 그래서 한밤중에 내관을 보내 숙직 중인 학사들을 살펴보게 했지.

내관이 돌아와 이렇게 아뢰었어.

"신이 서너 차례 가 보았사온데, 신숙주는 글 읽기를 멈추지 않았고 첫닭이 울고 나서야 비로소 잠자리에 들었습니다."

이에 세종은 신숙주를 매우 기특하게 여겨 자신이 입고 있던 담비 가죽 어의를 벗어 그에게 덮어 주라고 명했다고 해.

킹메이커인가 배신자인가

훗날 세종은 밤늦게 집현전 뜰을 거닐며 어린 단종을 품에 안고 신숙주를 비롯한 몇몇 학사에게 이렇게 말했다고 전해져.

"세손을 잘 부탁하네."

그 말은 마치 유언과도 같은 깊은 당부였다고 해. 세종이 세상을 떠난 뒤 왕위를 이은 문종도 아버지처럼 신하들을 아끼고 따뜻하게 대했지만 몸이 약해 병세가 깊어졌어. 어느 날 집현전 학사들을 불러 촛불을 밝히고 토론을 벌이던 중 어린 세자 단종을 무릎에 앉히고 등을 어루만지며 말했지.

"이 아이를 경들에게 잘 부탁하네."

그러고는 술을 내려 신숙주와 성삼문, 박팽년 등에게 나누어 주었어. 학사들은 임금의 은혜에 감격해 술을 마셨고, 그만 모두 술에 취해 임금 앞에서 잠들고 말았지. 그날 밤 눈이 많이 내렸는데, 이튿날 아침 눈을 떠 보니 학사들의 몸 위에 어의가 덮여 있었다고 해. 학사들은 눈물을 흘리며 임금의 은혜에 보답하겠다고 다짐했단다.

우려는 현실이 되었어. 문종은 즉위한 지 2년 만에 세상을 떠났고, 열한 살의 어린 단종이 왕위에 올랐지. 그러자 숙부인 수양대군이 1453년 계유정난을 일으켜 정권을 장악했고, 결국 단종을 몰아낸 뒤 조선의 제7대 왕 세조로 즉위했어.

이에 분노한 집현전 학사들은 1456년 성삼문을 중심으로 단종을 다시 왕위에 올리려는 계획을 세웠어. 이른바 '단종 복위 운동'이었지. 그러나 같은 집현전 학사였던 김질의 밀고로 계획은 발각되고 말았어. 성삼문과 박팽년 등은 혹독한 고문 끝에 죽임을 당했고, 그들의 가문도 큰 화를 입었단다. 이때 목숨을 잃은 여섯 사람을 '사육신'이라고 불러.

신숙주는 단종 복위 운동에 참여하지 않았어. 오히려 그는 세조의 곁에서 충직한 신하가 되었지. 어제까지 함께 학문을 논

단종의 초상화

하던 동료들이 처형되는 모습을 지켜보았고, 이후 다시 단종 복위의 움직임이 일어나자 단종을 제거해야 한다고 강하게 주장하기도 했어.

신숙주는 엘리트 관료로서 어린 단종보다 강력한 왕권으로 나라를 이끌 수 있는 세조의 편에 서는 것이 조선을 위해 더 낫다고 판단했을지도 몰라. 오늘날의 시선으로 보면 정의와 충성을 저버린 선택처럼 보일 수 있지만, 그에게는 세종 시대처럼 나라를 발전시키고자 하는 나름의 구상이 있었던 거야.

'숙주나물'이라는 말은 조선 후기부터 쓰이기 시작한 것으로 알려져 있어. 연구자들은 숙종 때 단종 복위 운동에 참여했다가 희생된 이들의 명예가 회복되면서, 같은 시기 집현전에서 활동했던 신숙주에 대한 비판이 더욱 거세졌다고 설명해. 그때부터 신숙주는 변절자의 상징처럼 기억되었고, 그의 이름은 숙주나물 이야기와도 얽혀 전해지게 된 거야.

중국어부터 아랍어까지, 7개 국어 마스터

신숙주는 매우 뛰어난 신하였어. 나랏일을 매우 능숙하게 처리한 뛰어난 관리였지. 그는 관직에 나아간 지 18년 만인 서른아홉 살에 세조의 두터운 신임을 받아 오늘날 국방부 장관에 해당하는 병조 판서에 올랐어. 나라의 예절·교육·외교를 총괄하던 최고 책임자 자리인 예조 판서도 겸임했지. 이때부터 세상을 떠날 때까지 그는 세조에서 성종에 이르는 여러 임금을 도와 조선 정치의 중심에서 거침없는 관료의 길을 걸었어.

그의 이력을 보면 그 위상을 짐작할 수 있어. 영의정을 13년이나 지냈고, 좌의정 3년, 우의정 1년, 병조 판서 2년, 도승지 2년을 역임했지. 참고로 도승지는 오늘날로 치면 대통령 비서실장에 해당하는 중요한 자리야.

《성종실록》에는 신숙주를 이렇게 평가하고 있어. 타고난 성품이 고상하고 온화했으며, 남에게 베풀기를 좋아했고, 학문에도 밝아 경전과 역사서에 두루 통달했다는 거야. 또 나라의 중대한 일을 결정할 때는 강물이 흐르듯 막힘이 없고, 시원한 결단을 내린 인물로 기록되어 있어.

신숙주는 어릴 때부터 매우 총명해 어려운 책도 한 번 읽으면 기억할 만큼 이해력과 암기력이 뛰어났어. 이런 재능을 바탕으로 그는 관료로서 빠르게 성장했고, 그 과정에서 '외국어 덕후'로서의 면모도 드러내기 시작했어.

그가 통달한 언어는 무려 7개에 이른다고 해. 중국어·몽골어·일본어·여진어·위그루어·아랍어·유구어에 능통했다고 전해져. 여기에 인도어까지 익혔다는 주장도 있어. 인도어를 포함하면 8개 국어를 한 셈이니, 그야말로 '언어 천재'였지.

신숙주가 이렇게 외국어에 뛰어날 수 있었던 배경에는 무엇보다 강한 학문적 열정과 끈질긴 노력이 있었어. 그는 한 번 맡은 일은 끝까지 책임지고 완수하는 성격이었단다. 심지어 병을 심하게 앓아 몸이 매우 약해졌을 때도 세종에게 자신이 맡은 일을 계속하게 해달라고 청원했을 정도야. 이와 관련한 기록이 전해지고 있어.

"듣건대 네가 병으로 쇠약해졌다 하니, 먼 길을 갈 수 있겠느냐?"라고 하자 대답하기를 "신의 병은 이미 나았사온데,

어찌 감히 사양하겠습니까?"라고 하였다.

-《성종실록》, 성종 6년, 6월 21일 기사 중에서

유창한 일본어로 이루어 낸 계해약조

신숙주가 뛰어난 외국어 능력을 갖추는 데 큰 영향을 준 두 인물이 있어. 세종과 세조야. 세종은 신숙주가 문과에 급제할 때부터 그의 재능을 눈여겨보았고, 중요한 자리에 앉혀 능력을 펼치게 했어. 특히 그에게 일본과 관련한 외교 문서와 기록 업무를 맡겼고, 그 과정에서 일본과 외교적 약속을 맺는 일에도 참여하게 했지.

조선은 고려 말부터 조선 초까지 왜구의 침입으로 큰 피해를 입어 왔어. 왜구는 주로 일본 대마도에 머물며 조선의 해안 마을을 약탈하고 사람들을 납치했지. 세종이 즉위한 1419년 당시, 군대를 움직일 권한인 군사권은 여전히 상왕인 태종이 쥐고 있었어. 상왕 태종은 그해 왜구를 물리치기 위해 대마도 정벌을 단행했어.

하지만 세종의 생각은 태종과 달랐어. 무력만으로 문제를 근본적으로 해결하는 데 한계가 있다고 본 거지. 세종은 강경한 대응과 함께 부드러운 회유를 번갈아 하는 '교린 정책'이 필요하다고 판단했어. 교린 정책이란 이웃 나라와 무조건 싸우기보다는 대화를 통해 갈등을 풀고 평화를 유지하려는 외교 방식이야.

그래서 세종은 학문과 글재주가 뛰어난 인재들로 사절단을 꾸려 일본에 보내기로 했어. 조선의 앞선 문화를 보여 주고, 말과 글로 설득해 조선이 원하는 조건을 받아들이게 하려는 전략이었지. 당시 사절단에 집현전 학사였던 신숙주를 넣은 것도 일본과의 외교에서 말과 글이 무엇보다 중요하다고 보았기 때문이야.

신숙주는 세종의 뜻을 정확히 이해했어. 일본으로 떠나기 전, 조선 시대에 외국어의 통역과 번역 일을 맡던 사역원에서 일본어 역관(통역관)을 기르기 위해 만든 교재인 《왜어유해》를 마르고 닳도록 읽으며 일본어를 익혔지. 다른 관리들이 역관에게 의존한 것과 달리, 그는 직접 일본어를 구사하며 외교에 나서고자 했어. 또 사역원 출신의 일본어 역관을 수행원으로 데리고 다

조선 시대의 사역원이 있던 자리에 세워진 비석

니며 실제로 쓰이는 표현을 익히고 대화를 연습했어. 이런 준비 덕분에 일본에 도착했을 때는 일본어를 읽고 쓰는 데 큰 막힘이 없었을 것으로 보여.

조선 통신사가 일본에 도착하자 대마도와 일본 본토의 학자와 관리 들이 찾아와 시를 짓고 글씨를 청하며 학문을 논했어. 그때마다 신숙주는 유창한 일본어로 대화를 나누었고, 그 자리에서 글을 지어 감탄을 자아냈지. 그는 사절단을 도와 외교 문서를 작성하는 데에도 큰 기여를 했어.

말로 조선을 움직인 외국어 덕후

귀국길에는 대마도의 지배자인 대마도주와 협의해 해마다 일본에서 조선으로 올 수 있는 무역선의 수를 정하는 '계해약조'를 체결하는 데 중요한 역할을 했지. 1443년 맺은 이 조약은 조선과 일본 사이의 무역 질서를 바로잡고 왜구의 활동을 줄이기 위한 약속이었어.

이 과정에서도 외국어 능력자로서 신숙주의 활약을 보여 주는 일화가 전해져. 대마도주가 해마다 조선에 보낼 무역선의 수를 정하는 문제에서 아랫사람의 말을 듣고 이미 내린 결정을 바꾸려 하자 신숙주가 나섰어. 그는 유창한 일본어로 차분하게 설명했지.

"도주께서 해마다 보낼 배의 수를 미리 정해 두신다면, 그 결정 권한은 온전히 도주께 돌아갈 것입니다. 하지만 배의 수를 정하지 않으신다면, 아랫사람들이 제멋대로 처리하게 될 터이니 결국 도주님의 권위가 약해질 수 있습니다.”

이 말을 들은 대마도주는 설득되었고, 결국 마음을 돌려 계해약조를 체결하게 되었어. 이 일화는 외교에서 언어를 정확히 구사하는 능력과 상대의 입장을 고려해 설득하는 힘이 얼마나 중요한지를 잘 보여 줘.

외국어 능력자를 만든 세종의 특훈

신숙주는 귀국한 뒤 일본의 정세와 외교 상황을 자세히 정리한 보고서를 임금에게 올렸어. 그리고 훗날 1471년, 성종의 명을 받아 그때 일본에 다녀온 경험과 보고서 내용을 바탕으로 《해동제국기》를 썼지. 이 책에서 말하는 ‘해동제국’이란 조선 시대에 일본을 가리키던 표현이야. 《해동제국기》는 조선 외교사에서 매우 중요한 책으로 평가받고 있어. 놀랍게도 오늘날에도 연구자들이 번역한 책이 출간되어 읽히고 있단다.

신숙주가 외국어에 뛰어난 능력을 갖추게 된 데 결정적인 영향을 준 인물로 세종을 꼽는 이유는 단지 그를 일본에 파견했기 때문만은 아니야. 세종은 훈민정음을 창제한 뒤, 신숙주를 성삼문과 함께 만주 랴오둥 지역으로 보냈어. 그곳에 유배되어 있던 명나라 한림학사이자 음운학자인 황찬에게 중국어의 발음과

어휘 체계를 배우게 했지.

당시는 비행기나 고속철도, 자동차 같은 교통수단이 없었기 때문에 만주까지 가려면 말을 타고 가더라도 몇 달이 걸리는 험난한 여정이었지. 이런 길을 열세 번이나 오가며 신숙주는 중국어를 능숙하게 구사하는 능력을 갈고닦았어. 성균관에서 익힌 한문 실력이 큰 힘이 되었지. 황찬 역시 신숙주가 유창하게 중국어를 하는 모습을 보고 크게 놀라며 조선에서 가져간 질문에 성심껏 답해 주었다고 해.

성균관

조선 최고의 국립 교육 기관으로, 관리가 될 인재를 기르는 곳이었어. 학생들은 주로 과거 대과를 준비하며 유교 경전·역사·정치 원리를 배웠고, 학문뿐 아니라 예절과 인격 수양도 중요하게 여겼지. 성균관 안에는 공부하는 공간뿐 아니라 공자를 모신 문묘도 있어서 학문과 제사가 함께 이루어지는 상징적인 장소이기도 했어. 그래서 성균관은 단순한 학교가 아니라 조선의 정치와 사상을 이끌 인재를 키우는 중심지였어.

이러한 과정을 거쳐 1446년에는 오늘날 국보로 지정된 《훈민정음해례본》이, 1448년에는 《동국정운》이 탄생했어. 신숙주는 이 작업들에서 중요한 역할을 맡았지. 《동국정운》은 '우리말의 바른 소리'라는 뜻을 지닌 책으로, 우리나라 최초의 음운서로 평가받고 있어.

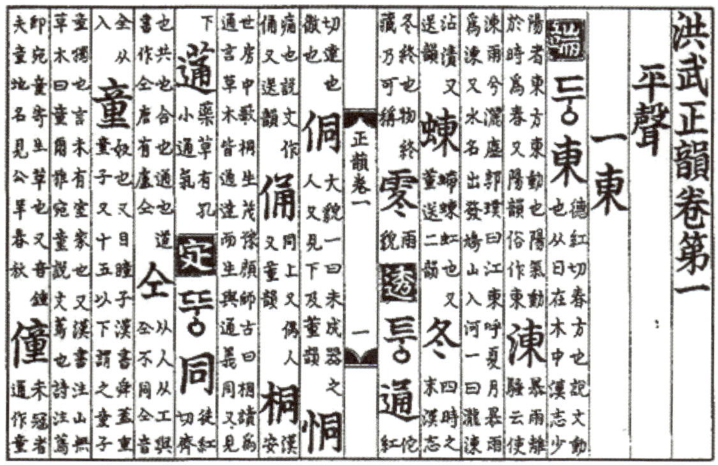

《홍무정운역훈》에 발음 표기로 쓰인 한글

세종이 세상을 떠난 뒤에도 신숙주의 연구는 멈추지 않았어. 그는 1455년, 명나라에서 공식적으로 사용되던 발음 책인 《홍무정운》을 훈민정음의 원리에 맞게 풀이하고 해설을 덧붙인 《홍무정운역훈》을 펴냈어. 대표 저자로서 서문도 썼지. 이 작업은 중국어의 소리를 한글로 정확하게 표기하고 이해하려는 시도였어.

하지만 《홍무정운역훈》은 분량이 매우 두터워서 일반인이 읽고 이해하기 어렵다는 한계가 있었어. 그래서 신숙주는 핵심 내용만 뽑아 간략하게 정리한 《사성통고》를 다시 펴냈어. 이처럼 신숙주는 정치만 잘한 관리가 아니라, 언어의 소리와 구조를 깊이 탐구한 뛰어난 음운학자이기도 했어. 그가 7~8개 국어를 구사할 수 있었던 이유는 여러 나라의 말을 단순히 암기해서가 아니야. 각 언어의 발음 체계를 분석하고, 이를 훈민정음 원리에 맞춰 이해하며 익혔기 때문이지. 다시 말해 흉내 내는 수준을 넘어 언어의 소리를 과학적으로 파악했기에 가능한 일이었어.

이런 놀라운 능력을 기를 수 있었던 배경에는 신숙주 자신의 재능과 노력뿐 아니라, 그를 믿고 적극적으로 기회를 준 세종의 역할도 매우 컸다고 할 수 있어.

문관이 전쟁을 승리로 이끄는 법

신숙주가 외국어에 깊이 빠지는 데 영향을 준 인물로 세조도 빼놓을 수 없어. 세조와 신숙주는 1417년에 태어난 동갑내기였지. 집현전에 어떤 인물들이 있는지 왕자들도 잘 알고 있었기 때문에 훗날 세조가 되는 수양대군은 이미 신숙주의 존재를 알고 있었어. 하지만 처음부터 두 사람이 특별히 가까운 사이는 아니었어. 두 사람이 실과 바늘처럼 떼려야 뗄 수 없는 사이가 되는 계기는 따로 있었단다.

단종이 왕위에 오른 뒤, 신숙주는 새 임금이 즉위했음을 명나라 황제에게 알리는 외교 사절을 맡았어. 그때 두 사람의 인연이 시작되는 일이 생겨. 명나라로 출발을 앞두고 신숙주가 우연히 수양대군의 집 앞을 지나게 되었는데, 마침 수양대군과 마주

첬어. 수양대군은 그를 반갑게 맞으며 집 안으로 불러들였지. 그러고는 함께 길을 떠나자고 권했어. 이때 두 사람이 나눈 대화가 비교적 자세히 전해지고 있어.

> "옛 친구가 어찌 한 번 찾아오지 않는가? 오래전부터 자네와 이야기를 나누고 싶었네. 사람은 다른 일에는 목숨을 아낄지라도 사직(토지와 곡식의 신이지만, 국가를 의미)을 위해서는 목숨을 바칠 수 있어야 하네."
> — 《단종실록》, 단종 1년, 8월 10일 기사 중에서

이에 신숙주는 이렇게 답했어.

> "대장부가 편안히 아녀자의 손안에서 죽는다면, 이는 집 안에만 머물며 세상 물정을 모르는 것과 다를 바 없습니다."
> — 《단종실록》, 단종 1년, 8월 10일 기사 중에서

이 말을 들은 수양대군은 곧바로 "중국으로 가게"라고 했다고 전해져. 이후 수양대군은 신숙주와 함께 명나라에 외교 사절로 다녀오기도 했어. 그곳에서 두 사람은 조카를 몰아내고 황제의 자리에 오른 명나라 영락제의 무덤인 장릉을 함께 찾았지. 연

구자들은 이때 두 사람 사이를 끈끈하게 묶어 주는 대화가 오갔을 것으로 보고 있어.

이 일을 계기로 신숙주는 세조의 최측근이 되었고, 조선 외교를 책임지는 핵심 인물로 자리 잡았어. 조선에서 외교를 총괄하는 자리는 지금의 외교부 장관에 해당하는 예조 판서인데, 신숙주는 병조 판서와 예조 판서를 함께 지냈어. 심지어 영의정이 된 뒤에도 예조 판서 직위를 계속 맡았지. 1455년, 세조가 왕위에 오르자 신숙주는 다시 한번 그 사실을 명나라에 알리기 위해 사신으로 떠났어.

신숙주는 병조 판서로서 여진족에 단호히 대응해야 한다고 주장했을 뿐 아니라, 스스로 전장에 나서기를 원했어. 세조는 그의 결단력을 높이 사서 강원도·평안도·함길도로 보내 전투를 이끌게 했지. 그 결과 신숙주는 두 차례에 걸쳐 여진족을 크게 물리쳤어. 강을 건너 적을 산악 지대로 유인하는 전술을 펼쳤지. 문관이었던 그가 직접 전략을 세워 큰 승리를 거두었다는 점에서 더욱 인상적이야.

적과 싸우는 중에도 그는 공부를 멈추지 않았어. 여진어를 익혀 실제 전투 현장에서 여진족과 직접 대화할 수 있을 정도의 회화 능력을 갖추었지. 언어를 학문만이 아니라 현장에서 쓰는 도구로 활용한 셈이야.

그의 담대한 성격을 보여 주는 일화도 전해져. 여진족을 이기고 돌아온 어느 날 밤, 적이 다시 공격해 왔는데도 신숙주는 조금도 흔들리지 않았다고 해. 그는 진영에 누운 채 무관들을 불러 오히려 시를 지었어.

> 오랑캐 땅에 서리가 내려 변방은 춥기만 한데,
> 무장한 기병은 백 리를 누비네
> 밤새 싸움은 그치지 않았지만
> 날은 어느새 밝아 오려 하네
> 누워서 북두성 바라보니
> 영롱하게 빛나고 있구나
> － 《북정록》, 〈북정〉 연작 시 중에서

신숙주의 침착한 태도는 군사들에게 용기를 주었어. 적이 다시 들이닥친 긴박한 상황에서도 동요하지 않는 모습을 보이자 군사들은 오히려 사기가 올라 적을 거세게 추격했지. 결국 여진족의 소굴을 소탕하는 성과를 거두었어.

세조는 1460년, 두만강 일대와 육진 북쪽 모련위에서 벌어진 여진족 정벌 과정을 후세에 남기고자 했어. 그래서 전투의 과정과 전략, 성과를 자세히 기록하게 했지. 이렇게 해서 만들어진 책이 바로 《북정록》인데, 신숙주는 이극감과 함께 이 책을 함께 펴냈단다.

자나 깨나 언어 사랑

신숙주의 뛰어난 문장력은 세종 때부터 이미 널리 알려져 있었어. 1450년, 명나라에서 예겸이라는 사신이 조선을 방문했는데, 그는 한림원 시강이라는 높은 지위를 지닌 인물이었어. 명나라 최고 수준의 문인 집단에 속해 있던 만큼 자부심이 강했고, 조선 문인들을 다소 얕보는 태도를 보였다고 해.

세종은 이를 가만 두고 보지 않았어. 집현전의 주요 학자였던 정인지와 신숙주, 성삼문을 보내 예겸과 시를 주고받게 했지. 같은 운자를 맞춰 그 자리에서 시를 짓는 방식이었는데, 시 겨루기가 무려 며칠 동안 이어졌다고 전해져. 서로 한 수를 내면 곧바로 오가는 팽팽한 대결이었어. 말하자면 명나라 사신과 조선의 대표 문인들이 국가의 자존심을 걸고 벌인 '시문 배틀'이었던 셈이지.

시 겨루기가 끝난 뒤 예겸은 신숙주의 실력에 크게 감탄했어. 명나라로 돌아가면서 특별히 시를 지어 신숙주를 칭찬했는데, 그 안에는 이런 극찬이 담겨 있었어. '신숙주의 재능이 중국 전국 시대의 위대한 애국 시인 굴원과 그의 뒤를 이은 송옥의 반

열에 오를 만하다'라는 내용이었지.

그다음 해인 1451년, 다시 조선을 찾은 예겸은 신숙주와 또 한 번 시를 주고받았어. 예겸은 이때도 신숙주의 문장을 높이 평가했단다. 그는 신숙주를 동방거벽東方巨擘, '동방에서 가장 학식이 뛰어난 사람'이라고 찬사를 보냈어. '거벽'이라는 말 자체가 학문과 문장에 있어 큰 기둥 같은 인물을 뜻하니, 얼마나 높이 평가한 건지 알 수 있지.

이때 주고받은 시문들은 지금도 남아 있어. 우리나라 보물로 지정된 《봉사조선창화시권》이야. 길이 약 16미터에 이르는 두루마리 형태의 문서인데, 그 안에는 예겸의 〈설제등루부〉와 이에 화답한 신숙주의 〈화설제등루부〉를 비롯해 정인지와 성삼문 등 집현전 학사들의 시문 37편이 함께 실려 있어.

이제 다시 '외국어 덕후' 신숙주 이야기로 돌아가 보자. 신숙주는 자신의 호를 보한재保閑齋라고 지었어. '한가로움을 지키는 집'이라는 뜻으로, 한가롭게 살며 학문에 힘쓰겠다는 의미야. 하지만 그의 삶은 한순간도 쉴 틈 없이 나랏일로 분주했어.

그는 예조 판서로서 책임을 다하기 위해 조선과 교류하던 여러 나라의 언어를 배우는 데 온 힘을 쏟았어. 사역원의 교재를 활용해 단순히 말을 외우는 것이 아니라, 언어의 구조와 발음 체계를 분석하며 익혔지. 그래서 중국어뿐 아니라 몽골어, 여진어까지 능숙하게 다룰 수 있었던 거야.

신숙주는 왕의 글과 정책을 학문적으로 뒷받침하는 최고 책임자인 예문관 대제학에 올랐고, 성균관의 교육을 총괄하는 대사성 자리에도 올랐어. 이는 오늘날의 서울대학교 총장과 비슷한 위치라고 볼 수 있어. 또 과거 시험의 시험관을 무려 열세 차례나 맡았지. 그만큼 학문에 있어 권위와 신뢰가 높았다는 뜻이야.

특히 사역원의 최고 책임자가 되었을 때는 역관 교육에 각별히 힘썼어. 외국어 수업 시간에는 조선어 사용을 엄격히 금지할 정도였다고 해. 현장 감각을 기르기 위한 훈련이었던 거지. 그가 관료로 활동하던 시기의 중요한 외교 문서들은 대부분 그의 손을 거쳤다고 해도 과장이 아니야.

아쉽게도 신숙주가 아랍어를 어떻게 배웠는지에 대한 기록은 남아 있지 않아. 다만 《세종실록》에는 당시 조선에 아랍인이 머물며 성균관 유생들과 함께 세종의 즉위식에 참여했다는 기록이 전해져. 이를 통해 연구자들은 학문에 대한 열정이 남달랐던 신숙주가 명나라를 거쳐 조선에 들어온 아랍인이나 아랍어에 능통한 통역관을 통해 언어를 익혔을 가능성을 내놓고 있어.

신숙주의 시문과 보고서 등은 이후에 아들이 펴낸 《보한재집》에 잘 담겨 있지. 그는 《세조실록》과 《예종실록》 편찬에도 참여했고, 성종 때 우리나라의 전체 역사를 시대순으로 정리한 《동국통감》을 만들 때도 중요한 역할을 했지. 국가의 예법을 정리한 《국조오례의》 편찬에도 큰 기여를 했단다. 그가 정치가이면서 동시에 학자였다는 점이 잘 드러나는 부분이야.

세조가 왕위에 오르는 데 공을 세웠다는 이유로 좌익 공신에 올랐을 때, 포상으로 그려졌을 것으로 추정되는 〈신숙주 초상〉(책 30쪽 참조)은 2024년 국보로 지정되었어. 초록색 관복을 입은 모습인데, 조선 초기 관복의 형태를 보여 주는 귀중한 자료이기 때문이야.

신숙주가 59세로 세상을 떠나자 성종은 크게 슬퍼하며 조회를 멈추고 장례를 후하게 치르게 했어. 그는 평생 네 차례나 공신에 오른 덕에 많은 토지를 받아 꽤 부유했지만, 유언은 뜻밖에도 소박했어. 장례를 검소하게 치르고, 관 속에는 책 몇 권만 넣어 달라고 당부했다는 거야. 평생을 책과 공부, 언어 연구에 바친 사람다웠지.

세종은 세자인 문종에게 "신숙주는 나랏일을 맡길 만한 인재"라고 말했고, 세조는 그에게 "경은 나의 위징이다"라고 했어. '위징'은 당 태종을 훌륭하게 모신 대표적인 신하를 가리켜. 그만큼 국정을 함께 논의할 만큼 신뢰했다는 뜻이지.

신숙주는 단종 복위 문제에서 동료들과 다른 길을 택했고,

그 선택 때문에 오랫동안 '변절자'라는 평가를 받아 왔어. 하지만 한편으로는 조선의 정치·국방·외교 체계를 굳건히 다지는 데 큰 역할을 한 인물이기도 해. 심지어 임종을 앞두고도 성종에게 "일본과의 화평을 잃지 마옵소서"라고 당부하며 나라의 앞날을 걱정했다고 전해질 정도지.

한 인물을 바라보는 평가는 시대에 따라 달라질 수 있어. 그러나 분명한 것은 신숙주가 학문과 언어, 그리고 국가 운영에 깊이 관여한 뛰어난 관료이자 학자였다는 사실이야.

《해동제국기》로 보는
500년 전 일본

신숙주가 쓴 《해동제국기》에는 외국어에 큰 관심이 있는 사람이 아니면 기록하기 어려울 만큼 일본에서 보고 듣고 읽은 내용이 매우 자세하게 담겨 있어. 지명이 표시된 지도도 여러 장 실려 있는데, 지금의 내비게이션과 비슷해 보일 정도로 상세해.

또 한국인들이 즐겨 찾는 일본의 규슈와 오키나와가 신숙주가 살던 시대에는 '구주'와 '유구국'으로 불렸으며, 유구국이 조선과 교역하던 독립된 나라였다는 점도 알 수 있어. 이 책에는 일본 각 지역 영주들의 세력 관계와 산과 강의 경계는 물론, 무역선의 상황과 그들의 독특한 풍습까지 흥미롭게 기록되어 있지. 그중 일부 내용을 살펴보자.

"… 젓가락만 있고 숟가락은 없다. 남자는 머리털을 짧게 자르고 묶었으며, 사람마다 단검을 차고 다닌다. 부인은 눈썹을 뽑고 이마에 눈썹을 그렸으며, 머리털을 등에 길게 늘어뜨려 그 길이가 땅에까지 닿았다. 남녀 가운데 얼굴을 꾸미는 사람은 모두 이를 검게 물들였다 …"

신숙주는 책에서 일본인의 성격이 굳세고 사나우며, 칼과 창을 능숙하게 다루고 배를 모는 일에도 익숙하다고 설명했어. 그래서 이들을 제대로 다스리지 못하면 방자하게 노략질을 자주 일삼게 된다고 보았지. 그는 이런 상황에 대응하려면 전쟁으로 해결하기보다, 조정이 기강을 바로잡고 국내 정치를 안정시키는 것이 좋은 방법이라고 조언했어. 신수주의 이런 조언은 전쟁과 갈등이 이어지는 오늘날의 국제 정세 속에서도 한 번쯤 귀 기울여 볼 만해.

신분의 한계를 뛰어넘어
조선의 과학을 역대급으로 발전시킨

INTJ

모두를 위한
시계를 만든
발명 덕후

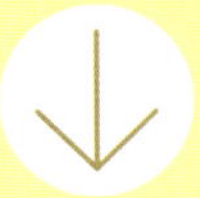

장영실

?~?

과학자·기술자

매년 4월이 되면 '과학의 달'을 맞아 학교에서 다양한 과학 행사가 활발하게 열리지. 그중에서도 과학 발명품 대회는 전교생이 몰려드는 대표적인 행사야. 학교마다 신기한 발명품을 구경하느라 과학실이 북적이는 소동이 벌어지기도 해.

여기서 잠깐, 타임머신을 타고 조선 세종 시대로 휘익 날아가 본다면 어떨까? 감았던 눈을 뜨면, 도착한 곳은 학교 과학실 같은 조선의 서운관이야. 세종대왕과 세자, 그리고 왕자들이 서운관에서 내놓은 발명품을 호기심 가득한 눈으로 들여다보고 있어. 그들 앞에는 조선이 낳은 천재 과학자 장영실이 자신이 만든 발명품에 대해 설명하고 있지.

장영실은 말 그대로 조선의 '발명 덕후'라고 해도 손색이 없을 만큼 실험과 제작에 푹 빠져 살았어. 그런데 그가 이렇게 뛰

서운관

조선 시대에 하늘과 시간을 관측하던 관청이야. 해와 달, 별의 움직임을 살피고 달력을 만들며, 일식과 월식 같은 천문 현상도 관찰했지. 단순히 별만 본 게 아니라 날씨 변화도 함께 살펴서 농사에 도움이 되는 정보를 제공했어. 그래서 서운관은 오늘날로 치면 천문대이자 기상청 역할을 함께했던 기관이야.

어난 발명가로 성장하기까지는 상상하기 어려울 만큼 드라마틱한 인생 역전 이야기가 숨어 있다고 해. 지금부터 함께 살펴보자.

지방 노비에서 중앙으로 스카우트까지

지금 우리나라에서 장영실을 모르는 사람은 거의 없을 거야. 미국에 발명왕 에디슨이 있다면, 우리에게는 조선의 장영실이 있다고 자신 있게 말할 수 있어.

《조선왕조실록》을 보면 장영실은 반은 조선, 반은 중국 혈통이었다고 나와. 세종의 말에 따르면 장영실의 아버지는 원나라 사람이었다고 해. 장영실의 출생에 대해서는 다른 기록도 전해 내려와. 장영실은 아산 장씨인데, 《아산장씨세보》에는 전혀 다른 이야기가 실려 있어. 장영실이 송나라 대장군이었다가 고려로 귀화한 장서라는 인물의 9대손이라는 거야. 또 아버지의 이름은 장성휘였으며, <u>조선의 관직 등급</u> 가운데 정3품인 전서를 지냈다고 기록되어 있어. 이처럼 기록이 엇갈리다 보니 학자들조차 어느 쪽이 맞는지 아직 뚜렷한 결론을 내리지 못했단다.

조선의 관직 등급

조선 시대에 관리를 나누는 등급은 '품계'라고 불렀어. 1품부터 9품까지 있었는데, 각 품계는 다시 '정'과 종'으로 나뉘어서 모두 합치면 18단계였지. 숫자가 작을수록 높은 자리야. 예를 들어 정1품은 나라 정치를 이끄는 최고 대신들이었고, 정2품은 오늘날 장관과 비슷한 판서 같은 자리였어. 품계가 높을수록 맡은 일의 책임이 커지고, 대우나 복식도 달라졌어. 조선은 신분 사회였지만 보통 관리가 되려면 과거 시험을 통과해야 했지. 그래서 품계는 단순한 계급이 아니라, 그 사람의 능력과 맡은 역할을 보여 주는 기준이기도 했어.

확실한 것은 장영실이 천민으로 태어나 매우 어려운 환경에서 성장했다는 사실이야. 당시 조선에는 '노비종모법'이라는 법이 있었어. 태어난 아이는 엄마의 신분을 따라야 한다는 것이었지. 장영실의 어머니가 관청 소속 기생이었기 때문에 장영실역시 관노비로 태어나 천민 대우를 받으며 자랐단다. 그는 관청에서 물건이 망가지면 수리하는 허드렛일을 도맡아 했어.

실록의 기록처럼 장영실의 아버지가 원나라 사람이라는 설이 맞다면, 그는 자라면서 다문화 가정 출신이라는 이유로 또래에게 놀림을 받았을지도 몰라. 하지만 장영실은 씩씩했어.

"영실아, 또 무얼 고치고 있구나."

“네, 이 기구를 조금만 손보면 잘 쓸 수 있을 것 같아서 고쳐 보고 있어요.”

장영실은 늘 밝은 얼굴로 병기 창고에 들어가 낡아서 작동하지 않는 병기를 뚝딱 고쳐 냈어. 움직이지 않는 녹슨 수레도 그의 손을 거치면 새것처럼 굴러갔지. 그뿐만이 아니야. 사람들이 한 번도 본 적 없는 신기한 발명품까지 척척 만들어 내자 장영실의 솜씨는 입소문을 타고 높은 관리의 귀에까지 들어갔어.

동래현 부사가 그를 추천했다는 주장도 있고, 서운관 출신 남양부사 윤사웅이 추천했다는 이야기도 전해져. 어찌 되었든 장영실은 고향 동래현을 떠나 조선의 수도 한성으로 오게 되었어. 지금으로 치면 부산에서 일하다가 서울로 스카우트가 된 셈이지.

임금에게 특별 대우를 받다

장영실이 언제 태어나 언제 세상을 떠났는지에 대한 정확한 기록은 남아 있지 않아. 그래서 그의 생물 연도는 보통 물음표를 붙여 (?~?)로 표기하고는 해.

그런데 최근 국립고궁박물관에 전시된 유물 가운데 장영실의 탄생 연대를 짐작하게 하는 기록이 발견되었어. 활자 인쇄소인 주자소 현판에 장영실이 계유년에 태어났다고 적혀 있었던 거야. 이를 서기로 바꾸면 1393년이 돼. 그동안 학자들이 추정해 온 것처럼 장영실이 조선 초기에 태어나 세종 시대에 활약한 인물임을 뒷받침해 주는 자료라고 할 수 있지. 다만 이 현판이 1857년에 제작된 것이어서 과연 정확한 기록인지는 더 연구가 필요해.

장영실 이야기를 할 때 빼놓을 수 없는 인물이 세종이야. 세종은 장영실을 곁에 두고 여러 일을 맡기며 깊이 신임했지. 그러나 그의 솜씨를 알아보고 처음 궁궐에서 일하게 한 인물은 세종이 아니라 태종이었어. 이 사실은 세종이 대신들에게 장영실이 어떻게 이 자리에 오르게 되었는지를 설명하면서 직접 밝히기도 했단다.

> 행사직 장영실은 그 아비가 본래 원나라의 소주·항주 사람이고,
> 어미는 기생이었는데, 공교한 솜씨가 뛰어난 태종께서
> 보호하시었고, 나 역시 이를 아낀다.
> -《세종실록》, 세종 15년, 9월 16일 기사 중에서

'행사직'이란 말이 낯설게 느껴질 거야. '사직'은 조선 시대에 국방 임무를 맡았던 5위 가운데 정5품에 해당하는 관직으로, 한성의 성문을 지키는 일을 담당했어. 그 앞에 '행行'을 붙이면 품계

보다 낮은 사람이 그 직책을 맡았다는 뜻이야. 또 '공교한 솜씨'란 솜씨가 뛰어나고 매우 정교하다는 의미지.

세종은 영의정 황희와 좌의정 맹사성에게 장영실이 큰 공을 세웠으니 높은 벼슬을 내리는 것이 어떻겠느냐고 의논했어. 이 자리에서 세종은 장영실을 처음 발탁한 인물이 태종이었다는 사실도 함께 밝힌 거야. 결국 대신들과 상의한 끝에 장영실은 정4품에 해당하는 호군 벼슬을 받게 되었어. 황희와 맹사성 역시 반대하지 않고 세종의 뜻을 기꺼이 따랐다고 해.

세종이 장영실을 깊이 신뢰하게 된 계기는 12년 전으로 거슬러 올라가. 1420년, 세종 즉위 2년째 되던 해였어. 세종은 서운관에 천문 관측을 위한 첨성대를 세우고 별을 보겠다는 뜻을 품었지. 별의 움직임을 살펴 농민들에게 농사에 도움이 될 기상 정보를 알려 주고 싶었기 때문이야. 이를 위해 서운관에서 일한 경험이 있는 인물들을 불러 모았어.

그중 훗날 장영실을 추천한 윤사웅은 당시 경기도 장흥에서 조용히 지내고 있었는데, 급히 말을 보내 궁궐로 불러들였다고 해. 그다음 해, 윤사웅이 추천한 장영실을 비롯해 별과 산술에 능한 네 사람을 모아 천문 관측기구 제작에 대한 논의를 하게 했어. 예로부터 이런 천문 관측기구를 '혼천의'라고 불렀지. 특히 세종은 옥으로 혼천의를 만들 계획을 세웠는데, 조선 시대에는 옥으로 만든 혼천의를 '선기옥형'이라고 불렀어.

당시 장영실은 아직 노비 신분이었지만 주저하지 않고 자신의 의견을 밝혔어. 그 내용이 세종의 구상과 잘 맞아떨어지자 그의 얼굴에는 흐뭇한 미소가 번졌지. 세종은 네 사람 가운데서도 특히 장영실을 눈여겨보았어. 신분은 낮았지만 재능이 뛰어났고, 번뜩이는 아이디어는 누구도 쉽게 따를 수 없었기 때문이야.

세종은 장영실을 콕 집어 크게 칭찬하며 네 사람을 명나라로 보내기로 결정했어. 중국에서 사용하던 천문 관측기구를 직접 살펴보고, 이를 바탕으로 조선에서도 천문 관측기구를 제작하도록 하기 위해서였지. 지금으로 치면 국내의 과학 인재를 해외 연수를 보내 첨단 기술을 배워 오게 하는 것과 비슷해.

이를 위해 외교를 담당하던 예조에서는 명나라에 공문을 보냈어. 명나라에 가는 이들에게는 충분한 은과 물자를 마련해 달력 제작과 수학에 관한 책, 각종 천문 관련 책, 그리고 혼천의의 설계도면까지 베껴 오도록 했지. 글로는 이렇게 간단히 적을 수 있지만, 장영실 입장에서 보면 정말 굉장한 사건이었어.

지금도 해외여행은 시간과 비용 면에서 부담스럽지. 당시 조선에서는 사신이 아니면 일반 백성이 중국에 갈 수 없었거든. 높은 가문의 사람이라 해도, 사신으로 떠나는 친척을 따라가 잔심부름을 맡는 자리라도 겨우 얻어야 다녀올 수 있을 정도였어.

명나라에서 제작된 혼천의

먹고 자는 일을 모두 길 위에서 해결해야 했으니 비용도 상당히 많이 들었단다.

그런데 천민 신분의 기술자였던 장영실이 임금의 명으로, 그것도 모든 경비를 지원받으며 중국을 견학하게 된 것은 정말 특별한 일이었어. 장영실이 세종의 깊은 신임을 받으며 종횡무진 활약한 인재였음을 알 수 있지.

신분을 바꾼 천재적인 발명 솜씨

당시 명나라는 원나라의 뛰어난 과학자 곽수경이 만든 달력인 수시력과 북경에 설치되어 있던 여러 천문 관측기구를 이름만 바꾸어 그대로 사용하고 있었어. 장영실은 중국에 머무르는 동안 곽수경이 제작한 기구들은 물론, 수루 장치를 이용한 물시계까지 아주 자세히 관찰했지. 수루 장치는 물이 졸졸 흐르는 힘으로 시간 알림 장치가 저절로 움직이도록 만든 장치란다. 귀국할 때는 천문 관련 책도 많이 구해 가지고 왔어.

세종은 장영실의 이런 노력과 성과를 보고 무척 흐뭇해했어. 그에 대한 보답으로 마침내 장영실을 천민 신분에서 벗어나게 하는 조치를 내렸고, 상의원 별좌라는 자리도 맡겼지. 상의원은 궁궐에서 사용하는 의복과 각종 생활용품을 만드는 기관이야. 그곳에서 장영실이 맡은 일은 명나라에서 본 물시계를 바탕으로 조선의 실정에 맞는 물시계를 새로 제작하는 것이었어.

장영실은 1년이 넘도록 연구에 매달린 끝에, 1424년 개량된 물시계인 '경점지기'를 완성했어. 경점지기는 층층이 쌓은 항아리 맨 위에 물을 채우면 물이 차례로 아래로 흘러가고, 맨 아래 항아리 속 잣대가 물의 부력으로 떠오르면서 시간 눈금을 표시하는 방식의 물시계야. 이때 하루를 여러 구간으로 나누는 '경점법'을 사용했지. 세종은 경점지기를 완성한 장영실의 공을 높이 평가해 정5품 행사직을 내렸어.

하지만 경점지기에는 한 가지 불편한 점이 있었어. 사람이 옆에서 지켜보며 잣대가 떠오르는 순간을 눈으로 확인해 시간을 읽어야 했던 거야. 장영실은 이 문제를 해결하기 위해 스스로 시간을 알려 주는 시계를 만들겠다는 목표를 세웠어. 그는 밤낮을 가리지 않고 무려 12년 동안 연구에 몰두했지.

그 노력의 결실로 세종 15년인 1433년에 세계 최초의 자동으로 소리를 내어 시간을 알리는 물시계 '자격루'를 완성했어. 세종은 뛸 듯이 기뻐한 나머지 장영실에게 호군이라는 높은 벼슬을 내렸다고 해.

장영실의 발명은 여기서 멈추지 않았어. 그의 벼슬도 계속 올라 마침내 종3품 대호군이라는 높은 관직에 이르렀지. 지금으로 치면 군인으로는 별 한 개에 해당하는 준장, 경찰로는 치안감에 해당하는 고위직이라고 볼 수 있어. 대단하지? 어머니가 기생이었던 관노비 출신이 신분의 한계를 넘어 이 자리까지 오른 것은 조선 시대에는 거의 기적에 가까운 일이었어. 그야말로 인간 승리의 드라마를 써 내려간 셈이지. 아마 이 시기가 장영실에게는 인생에서 가장 빛나는 순간이었을 거야.

발명에 푹 빠져 살았던 장영실이 만들었거나 제작에 크게 기여한 과학 기구로는 자격루·옥루·간의·혼천의·앙부일구가 있어. 해의 그림자를 재는 규표와 물의 높이를 재는 수표, 그리고 아름다운 금속 활자인 갑인자도 빼놓을 수 없지. 이 가운데 우리

장영실이 12년에 걸쳐 만든 물시계인 자격루 © User:Gapo; 위키미디어

가 흔히 말하는 해시계가 '앙부일구'야.

앙부일구는 '하늘을 바라보는 가마솥'이라는 뜻으로, 1434년에 제작되었어. 햇빛이 만들어 내는 그림자의 길이로 계절을, 그림자의 위치로 시간을 알 수 있도록 설계된 기구지. 그릇 안쪽에는 24절기를 나타내는 절기 선을 표시했고, 하루의 시간을 알 수 있도록 여러 개의 시간 선을 일정한 간격으로 그려 넣었어.

해의 그림자를 이용해 시간을 재는 해시계인 앙부일구 © by Bernat; 위키미디어

　여기서 장영실의 따뜻한 마음도 엿볼 수 있어. 그는 자신이 관노비 출신이었기 때문에 백성들이 먹고살기 바빠 한자를 배울 여유가 없다는 사실을 잘 알고 있었거든. 그래서 시간 표시는 한자 대신 12지신, 열두 띠 동물의 그림으로 나타내도록 했어. 글자를 몰라도 누구나 쉽게 시간을 알 수 있게 하려는 배려였지.

　세종 역시 자격루가 궁궐 안에만 있어 백성들이 직접 볼 수 없다는 점을 아쉬워했어. 그래서 사람들이 많이 오가는 혜정교(지금의 광화문 근처)와 종묘 남쪽에 앙부일구를 설치해 누구나 쉽게 시간을 확인할 수 있도록 했지. 《세종실록》에는 이후 사람들이 더욱 간편하게 사용할 수 있는 휴대용 시계도 제작했다는 기록이 남아 있어. 비록 장영실이 혼자 만든 것은 아니지만 그 과정에서 중요한 역할을 했다는 사실만은 분명해.

측우기의 발명가는 문종이라고?

여기서 한 가지 궁금증이 생길 수 있어. 앞에서 소개한 장영실의 발명품 목록에 왜 측우기는 빠져 있을까? 지금 카이스트 과학도서관 앞 잔디밭에는 한 손에 자를 들고 측우기 옆에 서 있는 장영실 동상이 세워져 있어. 또 아산 장영실과학관에도 측우기를 장영실의 발명품으로 소개하고 있지. 그렇다면 왜 어떤 기록에서는 측우기가 빠진 걸까?

측우기는 비가 얼마나 왔는지 재는 강우량 측정기로, 1441년에 제작되었어. 이탈리아의 수학자 베네데토 카스텔리가 1639년에 만든 측우기보다 무려 200년이나 앞선 세계 최초의 과학 기구야. 그만큼 우리에게 자랑스러운 과학 유산이지.

그런데 측우기의 아이디어를 처음 낸 사람은 장영실이 아니라 세종의 장남이자 훗날 왕이 되는 문종이었다고 해. 문종이 세자 시절에 직접 고안한 발명품이기 때문이지. 이 사실은 《세종실록》에도 분명히 기록되어 있어.

강우량을 측정하는 기구인 세종 시대의 측우기 © Steve46814; 위키 미디어

근년 이래로 세자가 가뭄을 근심하여 ⋯ 구리를 부어 그릇을
만들고는 궁중에 두어 빗물이 그릇에 괴인 푼수를 실험하였는데⋯
–《세종실록》, 세종 23년, 4월 29일 기사 중에서

이 기록을 보면 측우기는 문종이 세자 시절에 가뭄을 걱정
하며 여러 차례 실험을 거듭한 끝에 만들어 낸 발명품임을 알 수

　　　　　　　　　장영실

있어. 물론 당시 조선 최고의 기술자였던 장영실이 세자의 아이디어를 바탕으로 실제 기구를 만들어 내는 데 깊이 관여했을 가능성이 매우 커. 하지만 발명의 아이디어를 처음 제안한 인물은 분명 세자 이향, 문종이야. 따라서 엄밀히 말하면 측우기의 발명가는 문종이라고 하는 것이 맞아.

한순간에 역사에서 사라진 까닭

장영실의 인생은 한순간에 큰 변화를 맞게 돼. 세종 24년인 1442년 4월 27일, 그는 병약한 세종이 온천에 갈 때 사용할 가마를 제작했어. 그런데 그 가마가 부실하게 만들어져 이동 도중에 일부가 부서지는 사고가 나고 만 거야. 다행히 큰 피해로 이어지지는 않았지만 임금의 안전과 직결된 일이었기에 매우 심각한 사건이었어.

의금부에서는 책임자인 장영실에게 곤장 100대를 내려야 한다고 주장했어. 장영실을 아끼던 세종은 이를 80대로 줄여 주었지만, 신하들은 불경죄라며 엄중한 처벌을 요구했지. 결국 장영실은 관직을 뺏기고 벌을 받게 되었어.

곤장을 맞은 이후 장영실이 어떤 삶을 살았는지는 전혀 전해지지 않아. 곤장 80대는 목숨을 잃을 수도 있는 큰 형벌이었거든. 그가 후유증으로 병을 얻어 세상을 떠났을 가능성도 있어.

이렇게 장영실은 역사라는 무대 뒤로 조용히 사라지고 말았지.

하지만 600년이 넘는 세월이 흐른 지금까지도 우리는 장영실을 잊지 않고 있어. 그는 여전히 천재적인 발명가이자 천문학자, 그리고 신분의 한계를 뛰어넘은 인물로 기억되고 있지. 국가에서는 그의 이름을 기려 1991년부터 'IR52 장영실상'을 만들어 뛰어난 신기술과 신제품을 개발해 혁신적인 성과를 이룬 이들에게 이 상을 주고 있어. 상 이름에서 'IR'은 '산업 연구Industrial Research'의 약자로, 기업의 연구 성과를 찾아 알린다는 의미야. '52'는 1년 52주 동안 매주 하나씩 혁신적인 성과를 뽑는다는 뜻이지.

이처럼 장영실의 발명 정신은 오늘날에도 대한민국 곳곳에서 연구하고, 만들고, 도전하는 사람들에게 '할 수 있다'는 메시지를 전하고 있어.

세종 시대의 표준 시계,
자격루

세종은 농사에 힘쓰는 백성들이 시간을 정확히 알 수 있도록 자동 물시계를 만들고 싶어 했어. 이미 해시계인 앙부일구가 있었지 만, 비가 오거나 흐린 날에는 제대로 사용할 수 없다는 문제가 있었기 때문이지. 이 소망을 이루어 낸 사람이 장영실이야. 장영실이 만든 자동 물시계는 '스스로 치는 물시계'라는 뜻의 자격루自擊漏라고 불렀어. 시간이 되면 소·말·개·돼지 등 12지신 모양의 나무 인형이 자동으로 움직여 종과 북, 징을 쳐서 시간을 알려 주었기 때문이지.

자격루는 당시로는 최고의 발명품이었어. 겉에서 보면 나무 인형들과 용 모양의 기둥, 큰 항아리와 작은 항아리 두 개 정도만 보여. 하지만 그 안에는 물의 힘으로 시간을 알리는 정교한 장치가 숨겨져 있었어. 큰 항아리는 '파수호'라고 하는데 네 개가 있고, 여기서 떨어지는 물을 받는 작은 항아리를 '수수호'라고 불러.

물이 일정한 속도로 떨어지면 '살대'라는 막대가 서서히 올라가 구리 구슬을 떨어뜨리는 장치를 움직여. 구슬은 구멍이 뚫린 동판을 지나 아래로 떨어지며 숟가락 모양의 장치를 밀어 올리고, 그 힘이 쇠줄과 축을 따라 전달되어 나무 인형의 팔과 다리를 움직이지. 그러면 인형이 종이나 북을 쳐서 시간을 알려 줘. 밤은 다섯 구간인 '경'으로 나누어 경이 되면 북을 치고, 그보다 더 작은 단위인 '점'이 되면 징을 쳐. 이 모든 과정이 자동으로 이루어졌어.

　세종은 매우 기뻐하며 장영실의 감독 아래 경회루 남쪽에 보루각을 짓고, 그 안에 자격루를 설치하게 했어. 그리고 자격루를 조선의 표준 시계로 정했지. 궁궐의 보루각에서 자격루가 시간을 알리면, 궁궐 밖의 종루에서 북이나 종을 쳐 백성들에게 시간을 전하도록 한 거야.

　세종에게 큰 칭찬과 높은 벼슬을 받은 장영실은 은혜에 보답하기 위해 다시 연구에 힘썼단다. 그는 4년 동안 노력한 끝에 자동 물시계 기능에 천문 시계 기능까지 갖춘 옥루를 완성했어. 세종은 크게 기뻐하며 경복궁에 흠경각을 세우고 그 안에 옥루를 설치했지. 그러나 보루각과 흠경각은 임진왜란 때 불타 없어져 오늘날에는 전해지지 않아.

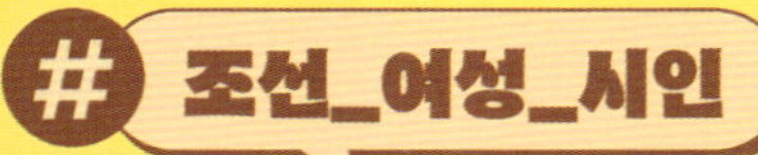

외로워도 슬퍼도 붓을 놓지 않고
빼어난 시로 이름을 남긴

INFP

규방을 넘어
세계로 간 시 덕후

허난설헌

1563~1589

시인

양손에 어린 남매의 손을 꼭 잡고 걸어가는 한 어머니의 모습을 떠올려 보자. 두 눈에는 아이들을 향한 사랑이 꿀처럼 뚝뚝 떨어지고 있어. 상상만 해도 마음이 따뜻해질 거야. 그런데 그 아이들이 불과 1년 사이에 세상을 떠났다면 어떨까? 그 어머니의 가슴은 얼마나 무너져 내릴까?

그런 깊은 슬픔을 겪은 어머니가 시인이라면, 아마도 눈물로 떠나간 아이들을 그리워하는 시를 써 내려갔을지도 몰라. 아이들이 없는 집에서 시어머니의 말은 차갑기만 하고, 남편마저 아내의 슬픔을 헤아려 주지 않는다면 그 여성의 마음은 얼마나 외롭고 서러웠겠어.

여기 조선에서 가장 널리 알려졌으면서도 동시에 가장 고단한 삶을 살았던 여성 시인이 있어. 그녀의 시는 중국에까지 전해질 만큼 뛰어났지만, 그녀의 삶은 고통으로 가득했지. 이제부터 비극적인 삶 속에서도 빛나는 시를 남긴 시인, 허난설헌의 이야기를 함께 살펴보자.

타고난 글재주는 유전자 덕분?

우리나라 최초로 노벨 문학상을 받은 한강 작가의 뛰어난 글솜씨는 소설가인 아버지 한승원에게서 물려받았다는 이야기가 있지. 이처럼 문학적 재능은 주변 환경의 영향을 받기도 해. 허난설헌 역시 글재주로 잘 알려진 집안에서 태어났어. 아버지는 물론이고 오빠와 동생까지, 온 집안이 조선 팔도에 이름난 문장가였단다.

허난설헌의 아버지 초당 허엽은 성균관 대사성과 이조 참의를 지냈어. 학식이 뛰어나고 정치적으로도 영향력이 큰 인물로, 당대 최고의 문장가이기도 했지. 그의 재능을 이어받아 허난설헌을 비롯한 네 남매 모두 글솜씨가 뛰어났어. 그래서 사람들은 허엽과 그의 자녀인 허성, 허봉, 허난설헌, 그리고 막내 허균을 묶어 '허씨 오문장'이라고 불렀다고 해.

허엽은 아내를 일찍 여의고 재혼했어. 허난설헌은 재혼한 부인이 낳은 세 남매 가운데 한 명이지. 특히 바로 위 오빠인 허봉은 조선에서 손꼽히는 명문장가로, 허난설헌을 정성껏 가르쳤

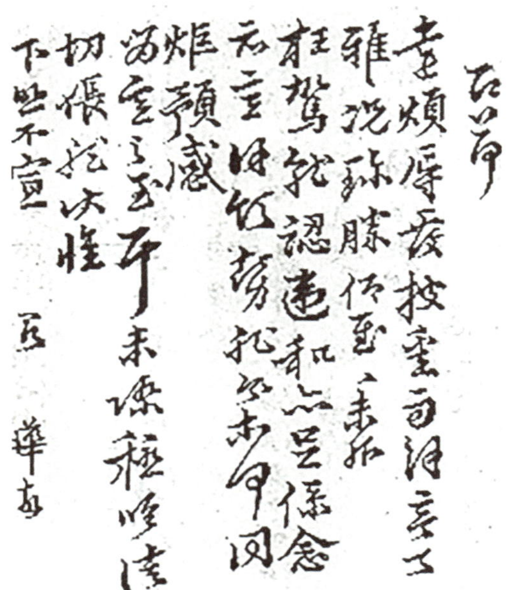

문장가로 이름났던 허엽의 글씨

어. 허봉의 친구로는 임진왜란 때 영의정을 지내고 이순신 장군을 추천한 명재상 서애 유성룡이 있어. 유성룡은 허봉이 세상을 떠난 뒤, 허균이 가져온 허난설헌의 시집을 읽고 그 뛰어남에 크게 감탄해 발문을 써주었다고 전해져. 발문이란 책의 끝에 실어 그 책의 가치와 출간 배경을 소개하는 글을 말해.

훌륭하도다. … 어찌하여 허씨 집안에는 뛰어난 재주를 타고난

유성룡

조선 선조 때의 대표적인 문신이자 정치가야. 임진왜란 당시 나라를 지키는 데 큰 역할을 한 인물로 알려져 있어. 이순신과 권율 같은 능력 있는 장수를 적극 추천해 전쟁에 대비하도록 했고, 전쟁 중에는 군사와 행정을 정비하며 혼란을 수습하려 노력했어. 전쟁이 끝난 뒤에는 자신의 경험을 바탕으로 《장비록》을 써서 왜 전쟁을 미리 막지 못했는지 반성하고 앞으로 대비해야 할 점을 기록했지. 그래서 유성룡은 위기 속에서 실력을 발휘한 책임 있는 지도자로 평가받고 있어.

사람이 이토록 많단 말인가!

— 《서애선생별집》 제4권 〈난설헌집발문〉 중에서

이 글을 읽는 허균의 얼굴에 떠올랐을 환한 웃음이 눈에 보이는 듯하지? 유성룡은 여기에 덧붙여 이렇게 적었어.

돌아가거든 시를 간추려 보배 다루듯 간직하여 집안의 보물로

삼고, 반드시 세상에 전하도록 하는 것이 옳다.

— 《서애선생별집》 제4권 〈난설헌집발문〉 중에서

가족의 품속에서 갈고닦은 재능

뛰어난 문장가들이 모인 집안에서 자란 허난설헌의 본명은 초희야. '난설헌'은 그녀의 호야. '호'는 조선의 선비들이 자신의

이상과 취향을 담아 지은 또 다른 이름이지. 조선 시대에는 여성의 이름을 직접 부르기보다 'ㅇㅇ의 아내', 'ㅇㅇ 씨'처럼 칭하는 경우가 많았어. 그런데 허난설헌은 드물게 이름과 호, 그리고 '경번'이라는 자까지 있었지. '자'는 성인이 되었음을 알리는 관례(여성은 계례)를 치른 뒤에 지어 주는 이름이야.

먼저 그녀의 이름을 살펴보자. 허초희, 참 예쁜 이름이지? 이 이름은 스스로 지었어. 허난설헌은 중국 춘추전국 시대에 초나라 장왕의 왕비였던 번희의 열렬한 팬이었다고 해. 그래서 '초나라의 번희'를 본떠 자신의 이름을 '초희'라고 지은 거야. 자인 '경번' 역시 '번희를 우러러본다'라는 뜻을 담고 있어. 허난설헌을 각별히 아꼈던 오빠 허봉은 그녀를 경번으로 부르며 존중했지.

춘추전국 시대

기원전 779년~기원전 221년으로, 중국에서 왕의 힘이 약해지고 여러 나라가 서로 다투던 혼란의 시기야. 초기를 춘추시대, 후기를 전국시대라고 부르는데, 시간이 갈수록 싸움이 더 치열해졌어. 이 시기에는 제·진·초·연·한·위·조와 같은 강한 나라들이 경쟁했고, 나중에는 진나라가 다른 나라들을 차례로 정복해 중국을 통일했지. 전쟁이 많았던 만큼 유교·도교·법가 같은 다양한 사상이 등장해 서로 다른 해결책도 활발하게 제시된 시대였어.

'초당 두부'라는 말을 들어 본 적 있어? 강원도 강릉에 가면 꼭 맛봐야 할 음식으로 손꼽히는 별미지. 여기서 '초당'은 허난

강릉 초당동에 있는 허난설헌의 생가

설헌의 아버지 허엽의 호야. 허엽이 고향인 강릉에 머물던 시절, 바닷물을 이용해 두부를 만들었는데 그 맛이 무척 뛰어났다고 해. 그래서 사람들이 그가 살던 마을을 '초당 마을'이라고 부르게 되었고, 그곳에서 만든 두부도 자연스럽게 '초당 두부'라는 이름으로 불리게 되었단다.

초당 허엽이 마흔여섯 살이 되던 해, 사랑스러운 막내딸이 태어났어. 이미 두 딸이 있었지만 허엽은 막내딸을 특히 애지중지하며 사랑을 쏟았지. 딸이 글쓰기를 좋아하자 마음껏 글을 지을 수 있도록 종이와 좋은 붓을 아낌없이 내주었어. 아버지와 오빠들의 사랑과 가르침 속에서 허초희는 즐겁게 시를 짓고 글을 쓰며 자랐단다.

그녀가 겨우 일곱 살이나 여덟 살 무렵에 지었다고 전해지는 산문 〈광한전 백옥루 상량문〉은 사람들을 깜짝 놀라게 했어. 어린아이가 썼다고는 믿기 어려울 만큼 내용이 뛰어나 단번에 신동이라는 소문이 퍼졌지. 글자 수만 해도 286자에, 스무 문장 남짓으로 이루어진 글이었으니 지금 읽어도 감탄이 절로 나올 만큼 빼어났어. 이 글은 옥황상제가 사는 궁전인 광한전 백옥루에 대들보를 올리는 일이 잘되기를 바라는 내용을 담고 있어. 마지막 문장 일부를 함께 살펴보자.

> 엎드려 바라옵건대 대들보를 올린 뒤에는, 계수나무 꽃이 늙지 않고 꽃다운 풀이 사계절 푸르기를 … 바다와 산이 맑게 개어 기쁨이 온 세상에 미치고 해가 비치고 달이 빛나서 영원히 번창하기를 ….
>
> – 〈광한전 백옥루 상량문〉 중에서

문장이 참 섬세하고 깊이가 느껴지지? 오빠 허봉은 난설헌의 재능을 더욱 갈고닦기 위해 당대에 문장으로 이름을 떨치던 이달에게 한시를 배우게 했어.

허난설헌은 열여섯 살에 혼인하기 전까지 비교적 자유로운

허난설헌과 같은 여성 시인이자 고향이 같은 신사임당이 살던 강릉 오죽헌

환경에서 글을 쓰고 시를 읊으며 성장했어. 그녀의 고향이 신사임당의 고향과 같은 강릉이라는 점도 흥미롭지. 강릉의 맑은 하늘과 푸른 바다, 솔향기 가득한 풍경은 시상이 무르익기에 더없이 좋은 환경이었을 거야.

눈물로 지새운 불행한 혼인 생활

허난설헌의 아버지 허엽은 선조 시대에 붕당 정치가 시작되어 나라의 정치 세력이 동인과 서인으로 갈라졌을 때, 동인을 이끈 대표적인 인물이었어. 그는 사랑스러운 막내딸 허난설헌을 같은 동인이자 명문가였던 안동 김씨 집안의 김성립에게 시집 보냈지. 김성립도 글솜씨가 뛰어나 사람들은 그가 '허씨 오문장' 집안의 사위로 손색이 없다고 여겼다고 해.

하지만 겉으로 보이는 모습과 달리 혼인 생활의 속사정은 참으로 안타까웠어. 김성립은 혼인한 지 4년 만에 생원시에 합격한 뒤 기생집을 드나들며 풍류를 즐겼다고 해. 가정에 충실하지 않고 아내를 소중히 여기지 않았으니, 지금의 시각으로 보면 바람을 피운 것이나 다름없었지.

허난설헌은 밤늦도록 잠을 이루지 못한 채 남편이 돌아오기를 기다리는 날이 많았어. 그 외로움과 서러움은 자연스럽게 시 속에 스며들었지. 그녀의 작품 가운데에는 남편을 은근히 원망하는 마음이 담긴 시들도 남아 있어. 그중 중국에서 출간된 《역대여자시집》에 실린 〈춘정〉이라는 시를 함께 읽어 보자.

규방을 넘어 세계로 간 시 덕후

제비는 비스듬한 처마를 스치며 쌍쌍이 날아가는데
떨어지는 꽃잎은 어지러이 비단옷에 흩날리는구나
규방에 깊이 앉아 멀리 내다보니 봄날 시름이 깊어지고
강남에 풀이 푸르게 돋았어도 임은 아직 돌아오지 않네
– 《역대여자시집》, 〈춘정〉 중에서

이 시에는 규방에 홀로 앉아 돌아오지 않는 남편을 기다리는 여인의 쓸쓸한 봄날 같은 마음이 고스란히 담겨 있어. 짝을 지어 날아다니는 제비와 달리 자신은 홀로 남겨져 있다는 대비가 더욱 애잔하게 다가오지.

남편 김성립은 허난설헌이 짧은 생을 마칠 때까지 끝내 문과에 급제하지 못했어. 초시에 합격한 생원으로만 평생을 보낸 셈이지. 그는 과거 공부에 전념하겠다며 따로 거처를 마련한 뒤 집에는 거의 들르지 않았다고 해.

친정에서 아버지와 오빠들의 따뜻한 사랑을 받으며 자란 허난설헌에게 시집살이는 그야말로 폭풍우와 같았어. 시어머니는 글솜씨가 뛰어나고 용모까지 아름다운 그녀를 탐탁지 않게 여겼거든. 지나치게 똑똑한 며느리가 마음에 들지 않았던 거야. 사사건건 꾸짖고 나무라며 마음 편할 날을 주지 않았어. 기댈 곳 없던 허난설헌의 마음은 점점 지쳐 갔지.

몸이 약했던 허난설헌은 요양을 하기 위해 친정에 다녀오며
잠시 마음을 추스르기도 했어. 남매를 낳은 뒤에는 설움과 외로
움을 아이들에게 쏟는 사랑으로 달래며 살아갔지. 아이들이 자
라는 모습을 지켜보는 일은 그녀에게는 거의 유일한 위안이었어.

그런데 하늘도 무심하게 그 아이들이 한 해를 사이에 두고
전염병에 걸려 차례로 세상을 떠나고 말았어. 그때 허난설헌의
뱃속에는 세 번째 아이가 자라고 있었지만 잇따라 닥친 비극 앞
에서 그녀의 마음은 이미 산산이 부서지고 말았지.

허난설헌은 견디기 힘든 슬픔을 시로 풀어냈어. 그렇게 탄
생한 작품이 유명한 〈곡자哭子〉야. 제목 그대로 '자식을 잃고 통곡
하며 지은 시'라는 뜻이지. 내용은 몹시 애절하지만 시 자체는 그
리 어렵지 않으니 함께 읽어 보자.

지난해 사랑하는 딸을 잃고

올해는 사랑하는 아들을 잃었네

슬프고도 슬프구나 광릉의 땅이여

나란히 선 두 무덤이 서로를 마주보고 있구나

응당 알겠지. 누이와 동생의 넋인 것을

밤마다 서로 쫓아다니며 놀 것이라네

설령 뱃속에 아이가 있다 하여도

어찌 장성하기를 바라겠는가…

애끓는 피눈물에 목이 메이네

– 《난설헌집》, 〈곡자〉 중에서

슬픔에 맞서 현실을 비판하다

1580년, 허난설헌이 열여덟 살이 되던 해부터 감당하기 힘든 비극이 연달아 닥쳤어. 아버지 허엽이 병을 얻어 갑작스럽게 세상을 떠난 거야. 사랑하는 아버지를 떠나보내며 멍든 마음을 미처 추스르지 못하던 시기에 딸과 아들을 전염병으로 잃은 거지.

연이은 죽음 앞에서 허난설헌은 가슴을 부여잡고 통곡할 수밖에 없었지. 그때 바로 위 오빠 허봉이 곁에서 동생을 따뜻하게 위로했어. 허난설헌은 아홉 살 많은 허봉을 누구보다 존경하고 깊이 의지했단다.

세상의 부조리에 꿋꿋하게 맞서던 오빠의 영향을 받아, 허난설헌은 개인적인 슬픔을 넘어 사회의 모순과 여성에게 가혹했던 현실을 비판하는 시를 쓰기도 했어. 〈빈녀음〉에서는 가난한 집에서 태어나 용모와 솜씨를 고루 갖추었음에도 시집가지 못하고 남의 혼수 옷만 지어 주는 처녀의 애환을 노래했지. 〈축성원〉에서는 백성들이 힘겹게 성을 쌓아도 막상 전쟁이 일어나면 그것이 아무 소용이 없을지 모른다는 걱정을 담아 백성의 고통을 대변했어.

이 밖에도 먼 곳으로 떠나는 남편을 둔 아내의 슬픔과 절절한 마음을 담은 〈출새곡〉, 〈새하곡〉, 〈입새곡〉 등을 통해 현실을 날카롭게 바라보는 시선을 드러냈어. 연꽃을 소재로 한 사랑시 〈채련곡〉을 짓기도 했지. 난초를 좋아했던 그녀는 난초의 고결하고 청초한 모습에 자신을 빗대어 〈난초를 읊다〉를 비롯한 맑고 아름다운 작품도 남겼어.

하지만 허난설헌에게 또 한 번의 시련이 찾아왔어. 마지막 버팀목과도 같았던 오빠 허봉이 당시 병조 판서였던 율곡 이이를 비판했다는 이유로 서인의 탄핵을 받아 머나먼 함경북도 종성으로 유배를 가게 된 거야.

억울함과 슬픔 속에서 허난설헌은 유배지에 있는 오빠를 그리워하는 마음을 담아 〈기하곡〉이라는 시를 지었어. 이 작품에서 그녀는 오빠를 당나라의 시인 이백에 비유하고, 오빠가 머무는 유배지를 이백의 자유로운 영혼이 깃든 청련궁에 빗대어 표현했어. 몇 구절을 함께 읽어 보자.

… 멀리 변방에선 소식 드물고
끝없는 근심은 풀 길이 없구나
아득히 오라비 계신 청련궁을 그려 보니

산은 비어 있고 덩굴 아래 달빛만 빛나네

–《난설헌집》, 〈기하곡〉 중에서

하지만 허봉은 동생의 마음을 끝내 달래 주지 못했어. 그는 유배지를 옮겨 갔다가 풀려났지만 벼슬길로 돌아가기를 거부했지. 이후 여러 곳을 떠돌며 유랑 생활을 하다가 결국 금강산 아래에서 생을 마쳤어.

허균의 노력으로 알려진 《난설헌집》

그렇다면 허난설헌은 어떻게 되었을까? 사랑하던 아이들은 먼저 세상을 떠났고, 남편은 그녀에게 무심했으며, 시어머니는 며느리를 원수처럼 대했어. 친정은 몰락의 길을 걸었지. 삶의 마지막 버팀목이던 오빠마저 세상을 떠나자 허난설헌은 더 이상 삶을 붙들 힘을 잃고 말았어. 결국 허봉이 세상을 떠난 다음 해인 1589년, 그녀는 고작 스물일곱의 나이로 병을 얻어 한 많은 생을 마쳤어.

눈을 감기 전, 허난설헌은 자신이 지은 시를 모두 태워 달라는 유언을 남겼어. 그동안 써 온 주옥같은 작품들이 불길 속으로 사라지고 말았지. 참으로 안타까운 일이야. 그러나 희망의 불씨는 완전히 꺼지지 않았어. 동생 허균이 있었기 때문이지.

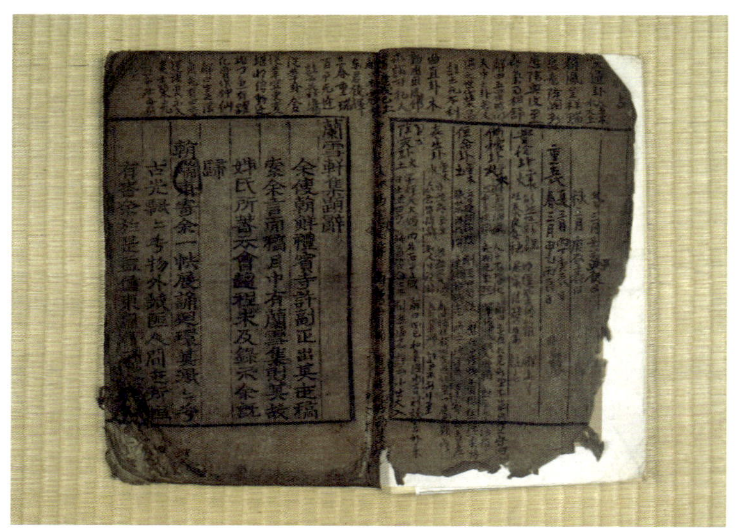

허균의 도움으로 출간될 수 있었던 《난설헌집》 © 난설헌집; 한국민족문화대백과사전

허균은 1590년, 친정에 남아 있던 누이의 시와 자신이 외우고 있던 시를 모아 《난설헌고》라는 시집으로 엮었어. 그리고 스승인 유성룡에게 발문을 부탁했지. 앞서 소개한 유성룡의 감탄 어린 평이 바로 이 발문의 일부였어.

하지만 처음에는 조선에서 곧바로 출간되지 못했어. 대신 중국 사신을 통해 전해지면서 중국에서 먼저 나오게 되었지. 이후 1608년에 허균이 공주 목사로 부임했을 때 비로소 조선에서도 목판본으로 출간되었어. 이 판본은 다시 일본으로 전해져 일본에서도 시집이 출간되었단다. 이처럼 허난설헌은 조선은 물론

중국과 일본에까지 이름을 알린, 동아시아의 세 나라가 모두 인
정한 천재 시인으로 역사에 남게 되었어.

허난설헌

누이의 시를 세상에 알린
허균 이야기

허균은 우리나라 최초의 한글 소설 《홍길동전》을 쓴 인물로 널리 알려져 있지. 그의 소설에는 적서차별이 만연한 조선 사회에 대한 비판과 혁명 정신이 문장 곳곳에 담겨 있어. 적서차별이란 본부인이 낳은 '적자'와 첩이 낳은 '서자'를 차별하는 제도를 말해. 허균은 《홍길동전》에서 다음과 같은 유명한 문장으로 이러한 차별을 비판했어.

"소자는 아버지를 아버지라 부르지 못하고, 형을 형이라 부르지 못하니 어찌 사람의 도리에 맞겠습니까?"

허균은 학문과 글솜씨도 뛰어났어. 그는 1597년 문과 중시에서 장원 급제를 할 만큼 실력이 뛰어났지. 여러 관직을 지내는 동안 불교를 믿는다는 이유로 탄핵되어 관직에서 물러나기도 했지만, 다시 정계로 돌아와 중요한 관직을 맡기도 했단다.

1606년에는 명나라 사신 주지번을 맞이하는 일을 맡았는데, 날고뛰는 문장 실력으로 그의 마음을 사로잡았어. 이때 허균은 그에게 그동안 모아 두었던 누이 허난설헌의 시를 보여 주었어. 주지번은 시에 크게 감동해 그 시들을 명나라에 가져갔고, 그렇게 210편의 시가 실린 《난설헌집》이 출간된 거야. 또 쟁쟁한 한시들이 가득한 중국의 시집 《열조시집》과 《명시종》에도 허난설헌의 시가 당당히 실렸지. 이후 우리나라에서도 《난설헌집》이 간행되었고, 일본에서도 이 책을 가져가 1711년에 같은 제목의 시집으로 나왔어.

하지만 허난설헌의 시집이 세상에 널리 알려지는 데 큰 역할을 했던 허균의 삶은 비극적으로 끝났어. 그는 정치 사건에 엮여 사람이 많이 다니는 저잣거리에서 처형되었지. 다행히 죽기 전, 평생 써두었던 글들을 묶은 자신의 문집 《성소부부고》를 외가로 보내 둔 덕분에 현재까지 그의 훌륭한 글들이 전해지고 있단다.

가족의 밥상을 책임졌고
그 삶의 지혜를 유산으로 남긴

ISFJ

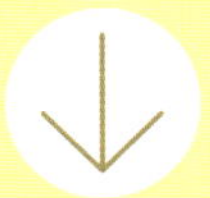

부엌에서 역사를 빚은 음식 덕후

장계향

1598~1680

학자·저술가

요리 문화가 유행하면서 이른바 '셰프'라 불리는 요리사들이 우리에게 감탄을 안겨 주고 있어. 그중에서도 〈흑백요리사〉 프로그램에 출연했던 한 중년 여성 요리사는 특별한 손맛으로 시청자의 눈과 마음을 사로잡았지. 사람들은 그녀의 음식에서 추억 속 집밥을 떠올렸고, 음식에서 사람 냄새가 난다며 뜨거운 박수를 보냈어.

그런데 놀랍게도 17세기 조선 시대에 오늘날로 치면 장관의 아내로 볼 수 있는 '정부인' 신분의 여성이 집안에 전해 내려오던 전통 요리법을 체계적으로 정리했어. 그것도 오로지 한글로 된 요리책을 펴냈지. 이제 조선을 대표하는 '음식 덕후'의 요리 세계로 들어가 따뜻한 집밥의 숨결을 느껴 보자.

예술과 학문을 넘나든 재능

우리가 살펴볼 조선의 '음식 덕후'는 장계향이야. 장계향의 아버지 장흥효는 퇴계 이황의 가르침을 이어받은 유성룡과 김성일을 스승으로 삼아 학문 연구에 힘쓴 인물이었어. 장계향은 그가 서른다섯 살에 얻은 귀한 딸이었지. 장흥효는 벼슬길에 나아가지 않았지만 학문이 깊어 제자가 수백 명에 이를 만큼 존경받았다고 해.

그녀의 어머니 또한 명문가인 안동 권씨 집안 출신이었어. 그 덕분에 장계향은 어려서부터 학문이 깊은 가풍 속에서 자라며 예절과 삶의 기준을 배우는 《소학》과 유교의 핵심 경전인 《사서오경》을 공부했지. 시와 서화는 물론, 규방 여성들이 익혀야 했던 자수와 음식 솜씨도 뛰어났어.

특히 아버지가 천문과 역학 연구에서 큰 성과를 이룬 학자였기에 장계향도 여성으로서는 드물게 역법과 천문학에 대한 이해가 깊었다고 해. 선비들조차 어렵게 여겼던 중국 송나라 성리학자 소강절의 사상을 담은 《원회운세지수》를 통독할 정도였고, 중국 역사에도 관심이 깊어 고대부터 명나라까지의 역사를 간략히 정리한 《십구사략》도 즐겨 읽었지.

또 지금까지 전해지는 장계향의 초서 작품은 이름난 서예가들도 감탄할 만큼 뛰어난 명필로 평가받고 있어. 여기서 초서란

한자를 매우 빠르고 자유롭게 흘려 쓴 서체를 말해. 그녀의 대표 저서인 《음식디미방》의 첫 장을 펼치면 초서체로 힘차게 써 내려간 한시가 등장해. 호방하면서 굳센 필체는 보는 이로 하여금 탄성을 자아내게 하지. 정조 역시 장계향의 서첩을 직접 보고 크게 감탄했다는 기록이 전해질 정도야.

1844년에는 장계향의 현손(손자의 손자) 이우태가 그녀의 시문집 《정부인안동장씨실기》를 펴냈어. 이 책에는 장계향의 글씨가 그대로 실려 있고, 그녀가 지은 시 일곱 편과 셋째 아들 이휘일이 기록한 어머니의 삶, 그리고 이휘일에게 보낸 편지가 함께 수록되어 있어. 이를 통해 장계향이 음식뿐 아니라 글과 문장에도 재능이 뛰어났음을 알 수 있지.

그 가운데 특히 놀라운 점은 〈학발시〉, 〈경신음〉, 〈성인음〉, 〈소소음〉 같은 시들을 초등학교 6학년 나이인 열세 살에 지었다는 사실이야. 어린 나이에 쓴 작품이라고는 믿기 어려울 만큼 깊이와 완성도가 뛰어나지. 그중 〈경신음〉을 함께 읽어 보자.

이 몸은 곧 부모님이 주신 몸이니, 감히 이 몸을 공경하지 않겠는가
만약 이 몸을 욕되게 한다면, 이는 곧 부모님 몸을 욕되게 함이로다
– 《정부인안동장씨실기》, 〈경신음〉 중에서

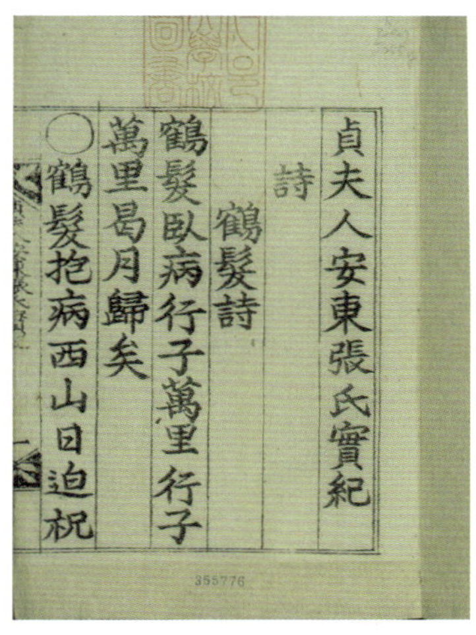

장계향의 시문집 《정부인안동장씨실기》

　　이 시를 비롯해 장계향의 다른 시에는 아들이 백발의 부모를 모시기를 바라는 마음이나, 성인의 삶을 바르게 따르겠다는 다짐이 담겨 있어. 이는 그녀가 어려서부터 **성리학**에서 가장 중요하게 여긴 경(敬), 곧 공경하는 마음을 실천하라는 가르침 속에서 자랐음을 잘 보여 주지.

　　그림 솜씨도 뛰어나 용맹한 호랑이를 그린 〈맹호도〉를 남겼고, 뜨거운 인두로 그림을 그리는 낙화 기법에도 능했다고 해. 그러나 열다섯 살 이후에는 부녀자가 글과 그림에 힘쓰는 것은 바람직하지 않다는 당시의 사회적 인식 때문에 창작 활동을 멈추었고, 그 결과 전해지는 작품이 거의 없어.

성리학

유교를 바탕으로 우주와 인간의 이치를 함께 설명하려고 한 학문이야. 고려 후기에 처음 도입되었어. 성리학을 공부하는 신진사대부들이 조선을 건국한 후 성리학은 조선의 기본 사상이 되었지. 그래서 관리들은 경전을 공부하며 도덕성과 자기 수양을 중요하게 여겼고, 예절과 질서를 사회의 중요한 기준으로 삼았단다. 다시 말해 성리학은 조선 사회의 정치·교육·생활 방식 전반에 큰 영향을 준 사상이었어.

대가족을 보살핀 현모양처

장계향은 열아홉 살에 아버지의 제자이자 학덕이 높았던 성리학자, 재령 이씨 집안의 석계 이시명과 혼인했어. 이시명은 첫 부인을 잃고 어린 자녀를 둔 상태였지. 장계향은 그의 후처로 시집가게 되었어.

그녀가 서른 살을 넘긴 무렵에는 친정아버지와 시아버지가 잇따라 세상을 떠났어. 효심이 깊었던 장계향은 정성껏 삼년상을 치르며 연이어 태어난 여섯 아들과 두 딸을 사랑으로 돌보았지. 남편 전처의 자식들까지 합하면 자녀만 열 명에 이르렀고, 여기에 친정의 이복동생까지 데려와 가르치며 서른 명이 넘는 대가족을 성심껏 보살폈다고 해.

그 무렵 남편 이시명은 깊은 고민에 빠져 있었어. 병자호란에서 패한 뒤 인조가 삼전도의 굴욕을 겪고, 많은 신하가 청나라

에 굴복한 채 벼슬을 이어 가자 그는 이를 선비의 도리로 받아들이기 어려워했어.

"부인, 도저히 이 치욕을 견딜 수 없소. 벼슬을 버리고 은거하고자 하는데, 부인의 생각은 어떠하오?"

"서방님의 뜻이 곧 제 뜻입니다. 집안을 정리해 서방님을 따르겠습니다."

안동에서 학식과 절개로 이름 높던 이시명은 결국 벼슬을 버리고 세상과 거리를 두기로 결심했어. 장계향은 남편의 선택을 존중하며 기꺼이 따르고 격려했지. 부부는 경상북도 영양현 석보촌으로 들어가 새로운 삶을 시작했어. 이때부터 이시명은 자신이 머무르는 곳의 이름을 따 '석계'라는 호를 사용하게 되었지.

정부인 안동 장씨가 된 사연

장계향은 이주해 온 석보촌에서 생계를 이어 가기 위해 도토리 숲을 정성껏 가꿨어. 조선 시대에는 벼슬을 하지 않으면 녹봉이나 토지를 받을 수 없었기 때문에 생활이 몹시 어려웠거든. 게다가 홀로 되신 시어머니를 비롯해 식구가 서른 명이 넘었으니 먹을거리를 마련하는 일도 큰 과제였단다.

그럼에도 장계향은 힘든 기색을 하지 않았어. 땀 흘려 텃밭을 일구고, 도토리나무를 가꾸어 숲을 이루게 했지. 그렇게 얻은 도토리로 묵을 만들어 가족의 끼니를 책임졌어.

이곳에서 남편 이시명은 서당을 세워 아이들을 가르치며 후학을 길렀고, 장계향은 남편이 학문 연구와 교육에 전념할 수 있도록 집안 살림을 도맡아 꾸려 나갔어. 한편으로는 시어머니를 정성껏 모셨지. 입맛이 까다로웠던 시어머니를 위해 새로운 음식을 만들어 올리다 보니 자연스레 뛰어난 요리 솜씨를 갖추게 되었다고 해.

시어머니는 장계향이 마흔일곱 살 되던 해에 세상을 떠났어. 삼년상을 치른 뒤 몇 해가 지나 이시명은 식솔들을 이끌고 영양현 수비산으로 다시 이주했지. 그곳이 장계향이 평생을 마무리한 마지막 보금자리가 되었어.

장계향은 세상을 떠난 뒤, 셋째 아들 이휘일이 이조 판서에 오르면서 정부인이 되었어. '정부인'은 지금으로 치면 장관의 부인이나 어머니에게 내려지는 명예로운 칭호야. 이렇게 그녀는 죽고 나서 '정부인 안동 장씨'로 불리게 된 거야.

300년 만에 공개된 비밀 레시피

장계향은 말년에 자신의 이름을 널리 알리게 되는 요리책을 썼어. 이 책에는 무려 146가지의 음식 만드는 법이 담겨 있지. 《음식디미방》이라는 책으로, 우리나라에서 가장 오래된 한글 조리서이자 여성이 직접 쓴 최초의 생활 실용서로 평가받아 역사적 가치가 매우 커.

책 제목은 장계향이 직접 붙였어. '디미'는 한자어 지미知味를 한글로 적은 말로, '음식의 맛을 안다'라는 뜻이야. 그래서 《음식디미방》은 '음식 맛을 내는 방법' 정도로 설명할 수 있어. 한편 후손들은 이 책을 엮으면서 《규곤시의방》이라는 제목을 붙였어. 여기서 '규곤'은 옛날에 여성이 생활하던 공간인 '규방(안방)'을 뜻하고, 넓게는 '여성'을 가리키는 말이야. 다시 말해 《규곤시의방》은 '부녀자가 마땅히 알아야 할 생활 방법'이라는 의미를 담고 있지.

이 책에는 17세기 경상도 지역 사대부 집안의 음식 재료, 조리법, 발효법, 저장법 등이 자세히 기록되어 있어. 그래서 음식

이시명과 장계향이 살았던 석계 고택 © 석계고택; 국가유산포털

문화 연구뿐 아니라, 당시 한글 표현과 중세 국어를 연구하는 데에도 매우 중요한 자료로 여겨지고 있지.

이 책이 세상에 알려진 과정도 무척 흥미로워. 1960년, 경상북도 영양군 두들마을에 있는 재령 이씨 종택(석계 고택)의 서고를 정리하던 중 한 연구자가 우연히 《음식디미방》을 발견했다고 해. 처음에는 이 책을 누가 썼는지 정확히 알 수 없었어. 집안에서는 저자를 그저 '정부인 안동 장씨'라고만 전해 왔거든. 게다

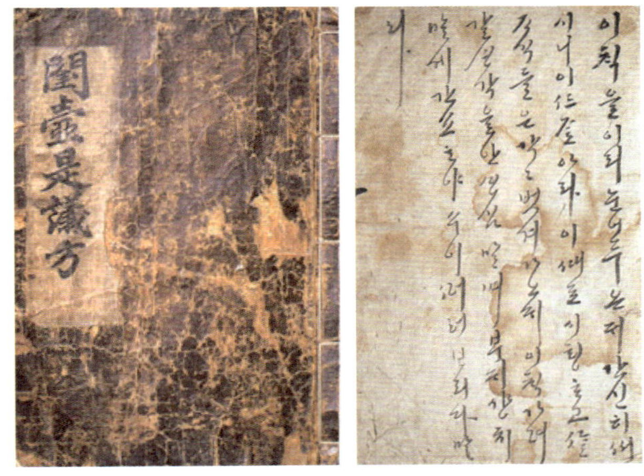

《규곤시의방》(《음식디미방》) 표지(왼쪽)와 서문(오른쪽)

가 책에는 "집 밖으로 절대 가져가지 말라"라는 당부가 적혀 있었지. 그래서 이 책은 출판되지 않은 채 300년이 넘도록 집안에서만 베껴 쓰이며 소중히 보관되어 왔던 거야.

《음식디미방》이 세상에 알려지자 연구자들은 '정부인 안동 장씨'가 누구인지 추적하기 시작했어. 그러다 장계향의 남편 이시명의 신주를 모신 사당의 신주함에서 단서를 찾게 되었지. 조선 시대에는 여성의 이름이 공식 기록에 거의 남지 않았기 때문에 이런 자료는 매우 귀중해.

신주함에는 부인의 신주도 함께 있었는데, 그 위에 '조선 고 의인 안동 장씨 휘 계향 신주'라고 적혀 있었어. 여기서 '휘諱'는 돌아가신 어른의 생전 이름을 뜻해. 이를 통해 '정부인 안동 김씨'의 이름이 바로 '계향', 곧 장계향임이 밝혀진 거야.

그렇다면 《음식디미방》이 그녀의 말년에 쓰였다는 사실은 어떻게 알았을까? 그 단서는 책 속에 남아 있던 장계향의 친필 글에서 찾을 수 있었어.

> 이 책을 이렇게 눈이 어두운 가운데 간신히 써 두었으니, 이 뜻을 알아 그대로 실천하고 딸자식들은 각각 베껴 가되 이 책을 가져갈 생각은 절대로 하지 말고, 부디 상하지 않게 잘 간수하여 쉽게 해지지 않도록 하여라.
>
> – 《음식디미방》 중에서

이 글을 통해 연구자들은 《음식디미방》이 그녀가 세상을 떠나기 약 10년 전부터 쓰기 시작했을 것이라고 짐작하고 있어.

사대부 가문의 부엌에서 탄생한 조선의 맛

《음식디미방》의 책장을 넘기면 가장 먼저 눈에 들어오는 것은 웅대한 초서체로 쓴 한시야. 이 시는 중국 당나라 시인 왕건의 시 일부를 인용한 것인데, 장계향이 음식을 만들며 겪었던 마음가짐과 삶의 태도가 엿보여. 다시 말해 단순히 조리법만 기록한 책이 아니라, 음식을 만드는 사람의 정성과 책임, 가족을 생각하는 마음까지 함께 전하려 했음을 알 수 있지.

> 시집온 지 사흘 만에 부엌에 들어 손을 씻고 국을 끓이지만
> 시어머니 입맛을 몰라 어린 소녀를 보내어 먼저 맛보게 하네.
> ─《음식디미방》중에서

여기서 '어린 소녀'는 시누이를 가리켜. 갓 시집온 새댁이 조심스럽게 음식을 준비하는 모습이 자연스럽게 떠오르지? 장계향은 그렇게 새댁으로 시작해 무려 50년이 넘는 세월 동안 대가족의 식사를 책임졌어. 그리고 그 오랜 경험을 딸과 후손에게 길이 전하기 위해 한글로 조리법을 정성껏 기록했지.

《음식디미방》은 표지를 포함해 모두 30장으로 이루어져 있어. 흥미로운 점은 어육류 조리법과 술 조리법 부분에 각각 세 장씩 빈 종이가 남아 있다는 거야. 이는 나중에 조리법을 더 적으려 했던 흔적으로 보여. 장계향은 한 줄에 34~36자씩 한 면에 8~9줄을 붓으로 척척 써 내려갔고, 그렇게 기록된 조리법이 무려 146가지나 돼.

《음식디미방》의 내용은 크게 세 부분으로 나뉘어.

- 어육류 조리법 74가지

- 술·누룩·식초 조리법 54가지

- 면·만두·약과·떡 등 조리법 18가지

가장 비중이 높은 것은 어육류 조리법이야. 또 하나 흥미로운 점은, 밥과 죽을 만드는 방법은 전혀 나오지 않는다는 거야. 19세기에 나온 한글 조리서《규합총서》에 죽 조리법이 40여 가지가 실린 것과 비교하면 꽤 의외지.

그 대신《음식디미방》에는 집에서 직접 술을 빚는 방법이 무려 51가지나 기록되어 있어. 17세기 조선의 사대부 가문에서 술 문화가 매우 중요하게 여겼음을 보여 주지. 식초 만드는 방법도 세 가지나 소개되고 있는데, 당시에는 식초 역시 집에서 직접 담가 사용했다는 사실을 알 수 있어.

《음식디미방》에는 오늘날 김치에 꼭 들어가는 재료 한 가지가 나오지 않아. 바로 고추야. 고추는 임진왜란 무렵 우리나라에 전해졌다고 알려져 있어. 하지만 이 책에 고추를 사용한 조리법이 전혀 등장하지 않는 것을 보면, 17세기 후반 장계향이 살던 경상북도 지역에는 아직 고추가 널리 퍼지지 않았다는 것을 짐작할 수 있지. 지금은 그녀가 살았던 영양 지역이 전국적으로 유명한 고춧가루 산지라는 점을 생각해 보면 더욱 흥미로운 사실

《음식디미방》에는 등장하지 않는 식재료인 고추

이야.

《음식디미방》에 자주 등장하는 양념으로는 천초·계피·마늘·파 등이 있어. 천초는 초피나무 열매 껍질을 말려 만든 향신료인데, 당시에는 매운맛을 내는 재료로 쓰였다고 해. 이를 통해 오늘날과는 다른 조선 시대의 식문화를 엿볼 수 있지.

당시 사대부 가정에서는 지금은 보기 어려운 다양한 육류 요리를 즐겼어. 책에도 다양한 육류 요리가 기록되어 있는데, 그중에는 오늘날과는 인식이 다른 재료들도 등장해. 개고기를 이용한 조리법을 소개하고 있거든.

이런 내용은 당시의 식생활과 문화를 보여 주는 역사 자료

《음식디미방》에 단 두 가지의 조리법만 등장하는 돼지고기

로 이해하는 것이 중요해. 시대에 따라 음식에 대한 가치관은 크게 달라지기 때문이야. 실제로 오늘날에는 반려동물 문화가 널리 퍼지면서 가치관이 크게 달라졌어. 2027년부터는 개고기 판매가 전면 금지될 예정이어서 이런 기록은 과거의 생활상을 보여 주는 자료로 남게 되었지.

한편 꿩고기로 만두와 잡채, 짠지를 만드는 법이 실려 있고, 닭을 이용한 탕·찜·구이 조리법도 자세히 소개되어 있어. 의외로 돼지고기 조리법은 단 두 가지뿐이어서 당시 사대부 가문에서는 돼지고기를 그다지 즐기지 않았음을 짐작할 수 있지. 더 놀라운 점은 곰 발바닥을 조리하는 법까지 기록되어 있다는 사실이야. 이는 조선 시대 상류층의 식재료 사용 범위를 보여 주는 대목이라고 할 수 있어.

　이처럼 다양한 재료를 체계적으로 기록하고 연구하듯 정리했다는 점에서, 장계향은 단순히 살림을 잘하는 사람이 아니라 음식 문화를 정리한 요리 연구가라고도 볼 수 있어. 만약 그녀가 타임머신을 타고 현대로 와서 〈흑백요리사〉 같은 경연에 참가했다면, 시대를 뛰어넘는 셰프로 크게 주목받았을지도 몰라.

장계향이 '여중군자'라고
불린 이유

장계향이 살았던 17세기 조선은 매우 어려운 시대였어. 그녀는 임진왜란이 다시 일어난 '정유재란'이 일어난 해인 1598년에 태어났단다. 서른 살에는 후금이 침입한 '정묘호란'을 겪었고, 서른아홉 살에는 청나라가 침입한 '병자호란'을 겪으며 나라가 큰 위기에 빠지는 모습을 지켜봐야 했지.

그뿐만이 아니야. 17세기는 세계사에서 '소빙하기'라고 불리는 시기였어. 기온이 크게 떨어지자 전 세계 곳곳에서 농사를 망치고 굶주려 죽는 사람이 쏟아졌지. 조선에서도 역사상 가장 심한 기근 가운데 하나로 기록되는 1670년에서 1671년까지의 '경신 대기근'이 일어났는데, 그때 장계향은 70대였어. 엎친 데 덮친 격으로 1672년에는 온 가족이 전염병에 걸려 생사를 넘나드는 어려움까지 겪었어.

이처럼 힘든 상황에서 장계향은 고통받는 사람들을 위해 팔을 걷어 부치고 나섰단다. 나라에서 굶는 백성들에게 죽을 나누어 주는 정책을 펼치자, 그녀 역시 굶주린 사람들을 돕기 위해 집 밖에 큰 솥을 걸어 놓고 죽을 끓여 나누어 준 거야. 먹을 것을 받으려는 사람들의 줄이 끝도 없이 이어졌지만, 그녀는 한 번도 얼굴을 찌푸리지 않았다고 해. 가뭄과 전염병으로 부모를 잃은 아이들이 생기자 그들을 집으로 데려와 돌보았고, 자식을 잃고 의지할 곳 없는 노인들에게도 따뜻한 도움의 손길을 내밀었지.

　조선 시대에는 70세가 넘으면 매우 고령으로 여겨졌어. 그러나 장계향은 경신 대기근이 닥치자 자식들을 모두 밖으로 보내 더 많은 사람을 돕도록 했어. 따뜻한 마음과 높은 덕으로 존경받아 그녀의 이름을 모르는 사람이 없을 정도였지. 그래서 사람들은 장계향을 '여자 중의 군자'라는 뜻의 '여중군자女中君子'라고 부르며 칭송했단다.

차별과 궁핍 속에서도 독서로
스스로를 단련하며 세상을 탐구한

INFP

가난해도 독서는 못 참는 책 덕후

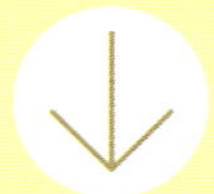

이덕무

1741~1793

학자·문신

책을 유난히 좋아하는 사람을 두고 흔히 '책벌레'라고 부르지. 어떤 친구들은 책을 읽기 위해 점심을 먹자마자 도서관으로 달려가기도 해. 요즘처럼 볼거리가 넘쳐나는 시대에 독서가 취미인 사람들은 더 특별하게 느껴질지도 몰라.

그런데 조선 시대에 평생 동안 무려 2만 권이 넘는 책을 읽은 인물이 있었어. 그는 자신을 간서치看書痴라고 불렀지. '간서'는 책을 읽는다는 뜻이고, 치매할 때도 쓰는 '치'는 바보나 어리석다라는 뜻의 글자야. 다시 말해 간서치는 '어리석게 어떤 일에 몹시 빠진 사람'을 말해. 말 그대로 책 읽기에 푹 빠진 사람 또는 책만 읽는 바보, '독서 덕후'라는 의미야. 지금부터 조선 최고의 책벌레라 불렸던 이덕무와 그가 살았던 18세기 지식인의 세계 속으로 함께 들어가 보자.

가난도 막지 못한 독서 열정

이덕무는 전주 이씨 집안에서 태어났어. 전주 이씨는 조선을 세운 태조 이성계의 후손으로 왕가의 피가 흐르는 가문이지. 그래서 이덕무도 왕가의 혈통이었어. 그는 태조의 둘째 아들이자 조선의 2대 왕이었던 정종의 서자인 무림군의 10세손이었거든.

왕족의 후손이라고 하면 부유하고 화려한 삶을 살았을 것 같지만 이덕무의 현실은 그렇지 않았어. 그는 서자의 후손이었기 때문에 생활이 무척 어려웠단다. 조선 시대에는 태종 때부터 시행된 서얼금고법이라는 제도가 있었어. 이 법 때문에 첩의 자식과 그 자손인 서얼은 관직에 나아갈 수 없었어. 허균의 소설 《홍길동전》에 나오는 홍길동도 바로 이런 차별을 상징하는 인물이야.

지식 더하기

서얼금고법

서얼이란 첩에게서 태어난 자식과 그 자손을 말해. 태종은 1415년에 서얼이 관직에 나아가는 것을 제한하는 서얼금고법을 마련했어. 그 결과 서얼은 오랫동안 벼슬길에 큰 제약을 받고 사회적으로도 차별을 겪었지. 하지만 정조는 1777년 '서얼허통'을 실시해 서얼도 관리가 될 수 있는 길을 넓혀 주었어. 이 변화는 신분 차별을 조금이나마 완화하려는 시도였다는 점에서 의미가 있어.

18세기를 살았던 이덕무의 삶은 결코 쉽지 않았어. 서얼이

라는 이유로 벼슬길이 막혔기 때문에 아무리 재능이 뛰어나도
능력을 펼칠 기회가 없었지. 생활도 넉넉하지 못해서 하루 세 끼
는커녕 한 끼도 해결하기 어려운 날이 많았단다.

어려운 형편 속에서도 이덕무의 마음가짐은 곧고 깨끗했어.
그는 부귀를 좇기보다 당당하고 청렴하게 살았지. 이덕무는 자
신의 이상과 신념을 담은 호를 여럿 지었는데 그중에서도 그가
가장 아낀 호는 '청장관'이야. 청장靑莊은 해오라기라는 물새를 뜻
해. 맑은 물가에 조용히 서 있다가 필요한 만큼만 물고기를 잡아
먹는 새지. 이덕무는 욕심 없이 단정하게 살아가는 해오라기의
모습이 자신과 닮았다고 여겨 이 이름을 특히 사랑했다고 해.

맑은 물에서 필요한 만큼의 물고기만 먹는 해오라기 © skot; 위키미디어

이덕무는 집안 형편이 몹시 어려워 서울에 살면서도 서당이나 사부학당 같은 교육기관에 다니지 못했어. 하지만 그의 재능은 아주 일찍부터 드러났지. 여섯 살 때 아버지가 한문을 가르치려고 중국 역사서 《십구사략》을 읽게 했는데, 어찌나 총명했던지 첫 부분이 끝나기도 전에 내용을 거의 외워 버렸다고 해.

청년이 된 이덕무는 키가 크고 마른 체형이었지만 영양이 부족해 얼굴빛은 좋지 않았어. 그럼에도 눈빛은 빛났으며 꼭 다문 입에서는 강한 의지가 느껴졌다고 해. 영화에 나오는 남루한 옷차림의 가난한 선비, 이른바 '남산골 딸깍발이'의 모습과 비슷했단다. 실제로 그는 20대에 남산의 옛 이름인 목면산 아래 장흥방에서 살았어.

이덕무는 16세에 수원 백씨와 혼인했고, 24세에 아들 이광규를 얻었어. '그 아버지에 그 아들'이라는 말처럼 아들도 아버지를 닮아 성품이 곧고 효성이 깊었지. 하지만 서얼 신분으로 태어났기 때문에 늘 주눅이 들어 있었어. 그 모습을 볼 때마다 이덕무의 마음도 아팠어.

그래서일까, 이덕무는 더욱 책 속으로 파고들었어. 현실의 고단함을 잊기 위해서였지. 자서전 《간서치전》에 따르면, 그는 책을 읽다가 새로운 사실이나 놀라운 구절을 발견하면 기쁨을 참지 못하고 까마귀처럼 소리를 질렀다고 해.

"으하하하~ 꺄꺄꺄~"

"네 아버지가 또 책에서 좋은 걸 발견하셨나 보구나."

그런 일이 자주 있다 보니 아내도 담담하게 받아들였단다. 책은 이덕무에게 희망이자 숨 쉬게 하는 산소 같은 존재였어. 그는 남들이 무능하다고 비웃어도 변명하지 않았고, 학문이 뛰어나다고 칭찬해도 자랑하지 않았어. 작은 방에서 햇빛이 드는 쪽으로 자리를 옮겨 가며 묵묵히 책을 읽었을 뿐이야.

이덕무의 스승이었던 연암 박지원은 **북학파 실학자**로, 청나라를 다녀온 뒤 쓴 《열하일기》로 잘 알려져 있어. 박지원은 이덕무가 읽은 책이 무려 2만 권에 이른다고 말했어. 하루에 한 권씩 읽는다고 해도 50년이 넘게 걸리는 양이지.

지식 더하기

북학파 실학자

실학자는 백성의 삶과 나라 운영에 실제로 도움이 되는 학문을 중시한 사람들이야. 실학은 '현실에서 사실을 구한다'라는 뜻의 '실'사구시 '학'문을 뜻해. 그들은 이론보다 농업·경제·기술 같은 현실 문제를 해결하는 것을 중요하게 생각했어. 북학파 실학자는 그중에서도 청나라의 앞선 문물과 제도를 배워야 한다고 주장한 학자들이야. 박지원·박제가·이서구 등이 대표적으로, 상공업과 기술 발전을 통해 조선을 부유하게 만들고자 했어.

이덕무는 책을 빌리면 그냥 돌려주지 않고 반드시 가는 붓으로 내용을 베껴 두었다고 해. 그 글씨가 얼마나 작았는지, 마치

이덕무의 스승이었던 연암 박지원의 초상화

파리 머리처럼 보일 정도였어. 그는 빨리 쓰기 위해 글자를 흘려 쓰지 않았고, 정자로 또박또박 정성껏 옮겨 적었어. 그렇게 베껴 쓴 책이 수백 권에 이르렀다고 하니, 그의 집념이 얼마나 대단했는지 알 수 있지.

　나중에는 그를 아는 사람들이 "이덕무의 눈을 거쳐야 제대로 된 책이지"라고 말할 정도였어. 그래서 그가 먼저 빌려 달라고 하지 않아도 주변에서 먼저 책을 건넸다고 해. 이처럼 치열하게 읽고 또 읽는 그의 독서법을 박람강기博覽强記라고 불러. '박람'은 널리 많이 읽는다는 뜻이고, '강기'는 읽은 내용을 잘 기억한다는 뜻이야. 다시 말해 다양한 책을 폭넓게 읽고 그 내용을 기억하려 애쓰는 공부 방법이지.

이덕무는 이렇게 쌓은 방대한 지식 덕분에 만물박사처럼 여러 분야에 밝았어. 게다가 글솜씨도 뛰어났지. 문장이 매우 부드럽고 아름다워 그의 글을 읽는 사람들은 자기도 모르게 감탄했다고 해.

백탑파, 실학자들의 뜨거운 우정

이덕무는 20대에 형편이 몹시 어려워 집을 자주 옮겨 다녔어. 스물여섯 살이 되던 해에는 원각사지 십층석탑이 있던 대사동, 지금의 서울 인사동 근처로 이사를 갔지. 원각사지 십층석탑은 멀리서 보면 하얗게 빛나는 탑만 도드라져 보인다고 해서 '백탑'이라고 불렸어. 이덕무와 그의 벗들은 이 백탑 근처에 있는 수표교라는 다리에 모여 술을 나누고, 거문고를 타며 시를 읊고, 세상 이야기를 나누었다고 해.

그런데 지금 인사동에서는 이 탑을 볼 수 없어. 문화재를 보호하기 위해 옮겨졌기 때문이야. 그렇다면 이덕무와 그의 벗들이 자주 만나던 장소인 백탑은 지금 어디에 있을까? 현재는 넷플릭스 영화 〈케이팝 데몬 헌터스〉 열풍으로 전 세계에서 온 관람객들의 발길이 이어졌던 서울 용산의 국립중앙박물관에 옮겨

백탑파가 우정을 쌓고 나누던 청계천의 다리, 수표교
© 서울 수표교 전경 ; 한국민족문화대백과사전

져 전시되고 있어.

그토록 가난했던 이덕무에게도 행복이 찾아왔어. 생각이 통하는 벗들을 만났기 때문이지. 그들은 풍류를 즐길 줄 알았고, 시대의 흐름을 읽으며 나라의 앞날과 백성의 삶을 고민했어. 가장 나이가 많은 홍대용과 박지원부터 유득공, 박제가, 이서구, 그리고 이덕무의 처남이자 무예에 뛰어났던 백동수까지 함께했지. 사람들은 이들을 '백탑파'라고 불렀어.

이들 가운데에는 같은 아픔을 지닌 서자가 넷 있었어. 이덕무를 비롯한 유득공, 박제가, 백동수였단다. 이덕무는 특히 자신

이덕무

조선 전기에 제작된 서울 원각사지 십층석탑의 정면 모습 © Steve46814; 위키미디어

보다 아홉 살 어렸지만, 옳다고 생각한 말은 거리낌없이 하는 박제가를 무척 아끼고 좋아했어. 《북학의》로 유명한 박제가는 청나라의 발전된 기술과 상업을 적극적으로 받아들여 조선을 부유하고 강한 나라로 만들어야 한다고 주장한 실학자였지. 이덕무는 그런 박제가를 얼마나 아꼈는지, "이덕무가 있는 곳에는 박제가가 있고, 박제가가 있는 곳에는 이덕무가 있다"라는 말이 나올 정도였다고 해.

그들은 해학과 유머로 우정을 다졌어. 발해를 우리 역사로 보아야 한다고 주장한 《발해고》를 지은 유득공은 박제가의 키가 작다며 '땅딸보'라고 놀렸어. 이덕무는 이서구에게 보낸 편지에서 박제가에게 달콤한 음식이 세 번이나 생겼는데 단것을 좋아하는 자신에게 한 번도 나눠 주지 않았다며 투덜대기도 했어. 백탑파에서 가장 어린 이서구는 홍대용과 박제가처럼 노론 명문가 출신이었어. 훗날 이덕무가 세상을 떠나자 박제가는 그의 행장을 썼고, 이서구는 비문을 지어 주었지.

박제가는 글에서 이렇게 회상했어.

"우리는 한 번 모이면 열흘에서 한 달이 다 되도록 집에 들어갈 줄 몰랐고, 하룻밤 사이에 지은 시를 모으면 한 권의 시집이 되었다."

이처럼 뜻이 잘 통하던 이들은 함께 시문집 《백탑청연집》

을 펴내기도 했단다.

배고파도 선비답게 살겠다

백탑 근처로 이사한 뒤에도 살림살이는 나아지지 않았어. 어느 날은 방 안이 너무 추워서 이덕무는 《논어》를 병풍처럼 세워 찬바람을 막았는데도 몸이 사시나무처럼 떨렸다고 해. 그러다 고개를 들었는데 중국 한나라의 역사를 기록한 《한서》가 눈에 들어왔지. 그는 《한서》 여러 권을 낡은 이불 위에 올려놓아 찬 기운이 조금이라도 덜 스며들게 했다고 전해질 정도야. 그렇게 지내다 보니 이덕무는 열 손가락에 동상이 걸려 고통이 몹시 심했어. 그런데도 붓을 들어 책을 빌려 달라는 글을 썼단다. 이 정도면 독서에 목숨을 건 '책 덕후'라고 할 만하지.

이덕무의 가난에 대한 이야기는 끝이 없어. 가장 널리 알려진 일화는 《논어》를 팔아야 했던 이야기야. 하루는 배가 고파 더는 버틸 수가 없었어. 무엇보다 처자식이 끼니를 잇지 못하는 모습을 보며 아버지로서, 남편으로서 차마 고개를 들 수 없었지. 어떻게 해야 할지 고민하던 그의 눈에 들어온 것이 《논어》였어. 여러 권으로 되어 있는 《논어》를 구했을 때 뛸 듯이 기뻐했던 기억이 여전히 생생한데, 이제는 그 책을 들고 저잣거리에 나가야 하는 처지가 된 거야. 결국 이덕무는 《논어》를 팔아 얼마간의 돈을 마련했고, 겨우 식구들의 배를 채울 수 있었지.

이덕무는 이 일을 유득공에게 털어놓았어. 그러자 유득공은 자신이 아끼던 《좌씨전》을 팔아 술을 사 왔다고 해. 두 사람은 그 술을 나누어 마시며 서로를 위로했단다.

“오늘은 맹자가 밥을 지어 주고, 좌구생(《좌씨전》의 저자)이 술을 권해 준 셈이군.”

그렇게 궁핍한 생활 속에서도 이덕무는 선비답게 식사 예절을 지키려 했어. 상추쌈을 먹을 때 우악스럽게 입을 크게 벌려 넣어서는 안 되며, 젓가락으로 밥 위에 쌈을 단정히 얹어 품위 있게 먹어야 한다고 글로 남길 정도였지. 그는 늘 “군자의 행동거지는 온화하고 깨끗하며 민첩하고 관대해야 한다”라고 강조했어. 가난하더라도 마음과 태도만은 흐트러지지 않으려 했던 거야.

이덕무는 가족을 향한 애틋한 마음을 시로 남기기도 했어. 음력 섣달그믐에 지은 시였지. 한 해의 마지막 날인 이날은 가족이 모여 새해를 준비하는 때이지만, 이덕무에게는 오히려 슬픔이 더 깊어지는 시간이었어. 그는 두 해 전에 세상을 떠난 어린 딸과 친정에 가서 홀로 눈물을 흘리고 있을 아내를 떠올리며 이 시를 썼어. 그의 마음을 헤아리며 시를 읽으면 가슴이 먹먹해져.

운명이 가혹한 아내가 친정에 돌아가

새해 날에 남몰래 눈물 흘리겠네

슬픈 것은 땅에 묻은 딸

살았다면 이제 네 살이 되었겠지

– 《청장관전서》, 제48권, 〈이목구심서 1〉 중에서

서자 신분에서 벼슬길에 오르다

"쨍하고 해 뜰 날이 돌아온단다"라는 노래 가사가 있지. 오랜 세월 가난과 차별 속에서 살아야 했던 이덕무를 비롯한 서자들에게 마침내 한 줄기 빛이 비치기 시작했어. 정조는 왕위에 오른 뒤 세종의 집현전을 본받아 규장각을 세웠어. 그리고 1777년, 서자에게도 벼슬에 나아갈 기회를 주라고 명을 내렸지. 태종 때 마련된 서얼금고법 때문에 350년 넘게 막혀 있던 벼슬길이 드디어 열린 거야.

지식 더하기　　　　　　　　　　　　　　　　　　　　⊗ ⊖ ⊘

규장각

정조가 1776년에 세운 왕실 도서관이자 학문 기관이야. 왕이 직접 책을 읽고 학자들과 토론하며 정치를 고민하던 공간이었어. 이곳에서 뛰어난 젊은 학자들이 모여 책을 정리하고 정책을 연구했어. 정조는 규장각을 통해 붕당 싸움을 줄이고, 실력 있는 인재를 키워 왕권을 강화하려 했지.

가난해도 독서는 못 참는 책 덕후

김홍도의 〈규장각도〉에 담긴 규장각의 전경

이덕무는 서른아홉 살이던 1779년에 서얼 출신으로는 처음으로 규장각 검서관이 되었어. 검서관은 책을 살피고 정리하며 새로 펴낼 책을 준비하는 일을 맡는 사람이야. 그와 함께 유득공, 박제가, 서이수도 검서관이 되었는데, 이 네 사람을 묶어 '사검서관'이라고 불렀다고 해. 벼슬의 품계는 높지 않았지만, 나라에서 가장 중요한 책들이 모여 있는 규장각에서 일한다는 사실은 이들에게 큰 자부심이었어. 일은 무척 고되어 열흘에 한 번씩 밤샘

이덕무

근무를 해야 했지만, 매달 '녹봉'이라 하는 급여를 받을 수 있었고, 무엇보다 정조를 직접 만날 수 있다는 사실에 모두 가슴이 벅찼지.

이들의 뛰어난 글재주는 이미 조선 밖 중국에도 알려져 있었단다. 1776년, 유득공의 숙부 유렴이 청나라에 사신으로 가면서 이덕무와 벗들이 지은 시를 보자기에 싸서 가져갔어. 이 시집에는 이덕무의 시가 무려 99편이나 실려 있었는데, 청나라 문인들은 이 시들을 읽고 크게 감탄했어. 이렇게 뛰어난 작품을 묻어두기 아깝다며 중국에서 《한객건연집》이라는 제목으로 시집을 펴냈지. 이 일로 네 사람의 명성은 더욱 높아졌고, 사람들은 이들을 '네 집안의 뛰어난 시인'이라는 뜻으로 사가시인^{四家詩人}이라고 불렀어.

1778년, 이덕무는 그토록 꿈꾸던 연경(지금의 중국 베이징)에 갈 기회를 얻었어. 사절단을 따라가는 수행원으로 함께하게 된 거야. 두 달 가까이 걸려 도착하는 고된 여정이었지만, 책을 사랑하는 이덕무의 마음은 설렘으로 가득했지. 연경에 머무는 동안 그는 오래된 책과 진귀한 골동품을 파는 유리창이라는 거리에서 청나라 문인들을 만나 글로 생각을 나누었어. 이들 가운데에는 일찍이 연경을 다녀간 홍대용과 우정을 나눈 이들도 많아 더욱 반가웠다고 해.

그 무렵 정조는 청나라의 백과사전 《고금도서집성》을 조선으로 들여왔어. 전부 합쳐 5,000권이 넘었는데, 그중 몇 권이 빠져 있다는 사실이 밝혀졌지. 책에 관한 한 따를 사람이 없던 이덕무는 유리창 거리를 샅샅이 뒤져 빠진 책들을 모두 찾아냈어. 조선으로 돌아와 그 책들을 바치자 정조는 크게 기뻐했지. 그리고 원래는 왕과 높은 관리들만 볼 수 있던 이 책을 특별히 이덕무도 읽을 수 있도록 허락해 주었다고 해. 훗날 이덕무는 그 영광스러웠던 일을 떠올리며 《고금도서집성》을 읽으며 안목을 넓힐 수 있었다고 적었어.

한편 이때 박제가도 이덕무와 함께 수행원으로 청나라에 다녀왔어. 그런데 박제가는 아침에 나가면 하루 종일 보이지 않다가 저녁 늦게야 돌아오고는 했어. 청나라의 문물을 살펴보느라 이곳저곳을 부지런히 돌아다녔기 때문이지. 이렇게 보고 듣고 느낀 것을 조선으로 돌아온 뒤 책으로 정리했는데, 그 책이 북학파의 이름을 가져오게 한 《북학의》야. 이 책에는 청나라의 앞선 기술과 생활 모습을 배워 조선을 더욱 부유하게 만들어야 한다는 박제가의 생각이 담겨 있어.

정조는 글을 잘 쓰는 이덕무를 아끼고 신뢰했어. 그래서 1789년에는 이덕무를 비롯해 무예에 뛰어난 백동수, 글재주가 뛰어난 박제가를 콕 집어 《무예도보통지》를 편찬하라는 명을 내렸단다. 이덕무와 박제가는 문신이어서 무술의 '무' 자도 몰랐지만, 대신 국내외에 전해 내려오던 무예 관련 서적 148종을 하나하나 꼼꼼히 살펴 내용을 정리했어. 여기에 무술의 달인이었던 백동수의 실제 경험과 조언이 더해졌고, 무예 동작을 사실적으로 묘사한 그림까지 실려 완성도 높은 책이 탄생했지.

이렇게 만들어진 《무예도보통지》는 조선을 대표하는 종합 무예 교과서야. 정조 시대에 나온 책들 가운데서도 손꼽히는 걸작이지. 만약 이 책이 없었다면 조선의 무예는 오늘날까지 제대로 전해지지 못했을지도 몰라. 이 책뿐 아니라 정조 때 간행된 여러 중요한 책이 14년 동안 검서관으로 일한 이덕무의 손을 거쳐 완성되었어. 우리가 역사 교과서에서 배우는 《대전통편》,《규장전운》,《국조보감》,《동문휘고》는 물론,《규장각지》와 《홍문관지》에도 그의 손길이 닿았어.

1792년, 정조는 한양의 모습을 그린 〈성시전도〉를 주제로 신하들에게 시를 짓게 했어. 그리고 직접 시들을 읽고 등수를 매기며 평가도 덧붙였지. 이때 여섯 명이 임금의 평가를 받았는데, 박제가는 2등을 했고 이덕무는 유득공과 함께 4등에 올랐어. 정조는 이덕무의 글에 대해 '맑고 우아하다'라는 뜻의 아雅라는 평을 내렸어. 이 일을 계기로 이덕무는 아정雅亭이라는 새로운 호를 갖게 되었지. 이후에도 그는 규장각에서 열리는 여러 문예 행사에서 꾸준히 좋은 성적을 거두며 학자로서의 실력을 인정받았단다.

총애에서 의심으로, 문체반정의 비극

좋은 일이 있으면 나쁜 일도 따르는 법이지. 정조는 역사에서 매우 훌륭한 업적을 남긴 임금이지만, 문학 정책에서는 '흑역사'가 있어. 1791년 신해박해가 일어났고, 이를 계기로 정조는 홍문관에 보관되어 있던 서양 문물과 천주교 관련 책을 모두 거두어 불태우라고 명했지.

지식 더하기

신해박해

1791년 정조 때 조선에서 처음으로 일어난 천주교 탄압 사건이야. 윤지충과 권상연이 천주교 교리에 따라 조상 제사를 거부하고 신주를 불태운 일이 문제가 되면서 시작됐어. 조선은 제사를 아주 중요하게 여겼기 때문에 이를 부정한 천주교를 유교 질서를 흔드는 사상으로 봤지. 그 결과 관련 인물들이 처벌되었고, 이후 천주교 박해가 시작되는 계기가 되었어.

이 책들 가운데에는 이야기를 재미있게 풀어 쓰는, 이른바 '패관 문학' 방식으로 쓰인 것들이 많았어. '패관'은 원래 세상에 떠도는 민담이나 소문을 모아 임금에게 전하던 관리를 뜻해. 이렇게 모인 이야기들은 입에서 입으로 전해지면서 내용이 과장되거나 꾸며지기 쉬웠어. 정조는 젊은 유생들이 천주교에 빠져든 이유를 이런 흥미로운 이야기에 마음을 빼앗겼기 때문이라고 생각했어.

이덕무

정조는 단순히 책을 불태우는 데서 그치지 않았어. 조선의 모든 사대부는 경전에 나오는 단정하고 격식 있는 문체로만 글을 써야 한다고 정했지. 과거 시험 답안이나 임금에게 올리는 상소문 같은 공문서에서 가벼운 이야기체를 쓰는 일은 완전히 금지되었어.

이처럼 정조가 옛글의 고상한 문체로 되돌아가라고 강하게 명령한 일을 '문체반정'이라고 불러. 반정反正은 '어긋난 것을 바로잡는다'라는 뜻이야. 사실 '문체반정'이라는 이름은 후대 학자들이 붙인 말이고, 당시에는 '돈혁구체(낡은 문체를 뜯어 고친다)'나 '문체지교정(문체를 바로잡는다)' 같은 표현을 사용했어.

이 조치는 매우 엄격했어. 성균관의 과거 시험에서 패관 문학 문체가 조금이라도 보이면 가장 낮은 점수를 받았고, 심한 경우에는 다시는 과거 시험을 볼 수 없게 되기도 했지. 문체반정의 불똥은 이덕무의 스승 박지원에게까지 튀었어.

정조는 박지원에게 이런 뜻을 담은 편지를 보냈어.

요즈음 문풍文風이 이와 같이 된 것은 그 근본을 따져 보면 모두 박지원의 죄이다. 《열하일기》는 내 이미 익히 보았으니 어찌 감히 속이고 숨길 수 있겠느냐? … 《열하일기》가 세상에 유행한 뒤에 문체가 이와 같이 되었으니 그 흐름을 만든 사람이 마땅히 책임져야 한다.

- 《연암집》, 제2권, 〈연상각선본〉 중에서

이 일을 시작으로 정조는 박지원뿐 아니라 백탑파 학자들 모두에게 반성문을 제출하라고 명했어. 성품이 맑고 욕심이 없던 이덕무는 큰 충격을 받았지. 자신을 아끼고 벼슬을 내려 지방 현감 자리까지 맡겼던 임금이 하루아침에 태도를 바꾸어 반성문을 요구하자 깊은 실의에 빠질 수밖에 없었어.

고민에 잠겨 있던 이덕무에게 정조는 다시 한번 엄한 뜻을 전했어. 그 내용은 정조의 일기인 〈일성록〉에 실려 있어.

이덕무와 박제가 무리는 문체가 전적으로 패관과 소품에서 나왔다. 이들을 규장각에 두었다고 해서 내가 그 문장을 좋아하는 줄 아는데, 아니다.

- 《홍재전서》, 제165권, 《일성록》 중에서

이 글을 접한 이덕무는 가슴이 몹시 아팠어. 자신을 믿고 격려하는 임금이라 여겼는데, 혹시 자신은 그저 정책을 위해 쓰이는 존재, 바둑판 위의 말과 다르지 않은 건 아닐까 하는 생각이 들었기 때문이야.

그로부터 불과 석 달 뒤, 평소 몸이 약했던 이덕무는 쉰세 살이라는 비교적 이른 나이에 세상을 떠났어. 박지원은 그의 죽음에 큰 충격에 빠졌지. 자기 가족이 죽는 것처럼 깊은 슬픔에 잠겼다고 해. 박지원의 아들은 아버지의 일대기를 기록한 《과정록》에는 박지원이 맑은 대나무 숲에 자리를 펴고 술상을 차린 뒤 꿈속에 찾아온 세상을 떠난 벗들과 이야기를 나누듯 이덕무를 애도했다고 전해져.

그러나 정조가 이덕무를 아꼈다는 사실은 분명해. 그는 이덕무가 세상을 떠난 뒤 장례 비용을 나라에서 부담하게 했고, 어려운 집안 형편을 배려해 아들 이광규를 검서관으로 특별 채용했어. 임금의 사적인 돈을 들여 이광규가 이덕무의 유고집인 《아정유고》 8권 4책을 간행하게도 했지.

정조의 명으로 박지원은 《아정유고》에 이덕무의 생애를 정리한 글을 실었는데, 그 글에서 그는 이덕무를 이렇게 평가했어.

이후 이광규는 《아정유고》에 실리지 못한 이덕무의 모든 글을 모아 《청장관전서》를 펴냈어. 이 책은 무려 33책 71권으로 이루어졌지. 시와 산문은 물론이고 역사·지리·풍속·문물에 대한 연구, 동식물과 곤충에 관한 기록, 생활 예절과 실학 사상까지 담긴 백과사전 같은 책이야. 이덕무의 학문적 깊이와 인품을 잘 보여 주는 저작이지.

이덕무는 북학파 실학자였지만 청나라의 문물을 무턱대고 받아들여야 한다고 주장하지는 않았어. 조선의 현실에 맞게 받아들이되, 우리만의 가치와 자존심을 지켜야 한다고 보았지.

'책 덕후'라고 할 만큼 책을 사랑했던 이덕무의 정신과 학문적 태도는 손자 이규경에게도 이어졌어. 이규경 역시 규장각 검서관으로 일하며 엄청난 양의 독서를 바탕으로 역사·지리·종교·천문·문학 등 1,400여 항목을 담은 《오주연문장전산고》 60권을 펴냈단다. 이 책 또한 19세기 조선의 지식 세계를 대표하는 백과사전과 같은 명저야. '그 할아버지에 그 손자'라고 할 만하지.

북학파가 꿈꾼
조선의 변화

이덕무가 스승으로 모신 연암 박지원을 비롯해 그가 소중하게 여긴 벗들 가운데에는 18세기 조선의 진보적인 지식인들이 있었어. 이들은 청나라의 발달한 문물에 큰 관심을 가진 실학자들이었지. 그들은 조선의 뒤떨어진 상공업을 발전시키고 기술을 혁신하기 위해 청나라의 문물을 받아들이고 교역을 확대해야 한다고 주장했어. 이들을 '북학파'라고 불러. 이 명칭은 박제가가 지은 책 제목에서 비롯되었지.

박제가는 1778년 채제공을 따라 이덕무와 함께 청나라에 다녀온 뒤, 그곳에서 보고 들은 이야기를 전하며 조선 사회의 낙후된 현실을 지적했어. 특히 박제가는 청나라에 다녀온 경험을 바탕으로 《북학의》라는 책을 썼어. 이 책의 주장처럼 청나라의 발전된 문물을 배우고자 한 사람들을 '북학파'라고 부르게 된 거야.

북학파를 이끌던 대표적인 인물은 박지원과 홍대용이었어. 홍대용은 박지원과 같은 노론 명문가 출신으로, 나이는 박지원보다 여섯 살 위였지. 그는 1766년 청나라에 다녀온 뒤 《을병연행록》을 남겼는데, 이 책은 조선에서 중국을 다녀온 경험을 기록한 글들 중에서 매우 뛰어난 작품으로 꼽혀. 홍대용은 백탑파가 모이면 청나라에서 교류했던 문인들과 그곳의 발전된 문화에 대해 이야기하고는 했어. 또 집에 천문대를 세우고 지구의 자전을 연구한 과학자로도 유명해.

박지원 역시 이론을 주장하는 것을 넘어 실제 생활에 적용하려고 노력했어. 그는 경상도 안의 현감으로 있을 때 청나라에서 배워 온 기술을 활용해 백성들의 생활에 도움이 되는 여러 물건을 만들게 했단다. 청나라식 베틀·양수기·물레방아·수레를 사용하게 했고, 벽돌을 이용해 튼튼한 건물을 짓도록 했어.

훗날 박지원의 손자 박규수는 사랑방에서 할아버지가 청나라에서 가져온 둥근 지구본을 돌리며 나라의 문을 활짝 열어야 한다고 강연하고는 했어. 그 이야기를 들으며 고개를 끄덕이던 젊은이들 중에는 김옥균과 박영효도 있었어. 이들은 1884년 우리나라 최초의 근대적 자주 개혁 운동인 '갑신정변'을 일으켰단다. 북학파의 사상이 시간이 흘러 개화파로 이어졌음을 알수 있지.

귀양살이 속에서도 좌절하지 않고
새로운 학문의 길을 연

ISTJ

유배지에서 바다에 꽂힌 물고기 덕후

정약전

1758~1816

학자·저술가·생물학자

아쿠아리움에 가면 물속을 유유히 헤엄치는 다양한 물고기들을 만날 수 있지. 화려한 무늬의 열대어부터 사람 키만 한 거대한 상어까지, 바닷속 세계는 인간의 상상을 훌쩍 뛰어넘는다는 사실을 새삼 깨닫게 돼. 오늘날에는 잠수 장비가 발달해 산소통과 마스크를 착용하고 바닷속으로 들어가 생물들을 직접 관찰하거나 잡을 수 있지만, 이런 장비가 전혀 없던 옛날에는 여러 해양 생물의 생태를 조사하는 일이 결코 쉽지 않았을 거야.

그런데 컴퓨터나 과학 장비가 없던 조선 시대에 물고기에 관한 백과사전을 펴낸 인물이 있어. 생김새와 특징을 하나하나 꼼꼼히 기록해 한 권의 책으로 엮어 냈지. 그야말로 '물고기 덕후'라 부를 만한 정약전이야.

그가 남긴 조선 역사상 유일한 해양 생물 백과사전은 과연 어떻게 만들어졌을까? 어부의 일에 대해서는 거의 모르는 책만 읽던 사대부가 어떻게 이런 책을 쓸 수 있었을까? 지금부터 19세기 조선의 바다로 함께 떠나 보자.

우애 깊은 형제, 정약전과 정약용

정약전은 우리가 잘 아는 다산 정약용의 형이야. 정약용보다 네 살 위였지. 두 형제는 사이가 무척 좋아 어릴 때부터 함께 공부하며 많은 이야기를 나누었어. 정약용은 형 정약전을 존경했고, 학문적으로도 큰 영향을 받았단다.

지식 더하기 ⓧ ⊖ ⤢

정약용

조선 후기 대표적인 실학자야. 공부는 백성을 살리는 데 쓰여야 한다고 생각했어. 그는 조선 사회의 잘못된 점을 고치기 위해 정치·경제·행정 등을 개혁하는 문제에 대해 깊이 고민했어. 정조의 사랑을 받았지만, 신유박해로 18년 동안 유배되었어. 그럼에도 유배 생활 동안 수백 권에 이르는 책을 저술해 실학을 집대성한 대학자이지. 특히 그는 지방관이 해야 할 일을 기록한 《목민심서》에서 관리가 백성을 괴롭히지 말고 백성을 위해 책임감 있게 일해야 한다고 강조했어.

두 형제의 아버지 정재원은 조선 시대에 진주 목사를 지낸 관리였어. 첫 부인과 사별한 뒤 해남 윤씨 집안의 딸과 재혼했지. 이 집안은 학문과 예술로 이름난 가문이었어. 정약전의 외증조부는 윤두서인데, 그는 교과서에 실린 〈어부사시사〉를 지은 윤

윤두서가 그린 자화상

선도의 증손자야. 윤두서는 정치 싸움에 휘말려 벼슬을 그만두고 고향에서 그림을 그리며 지냈어. 특히 자신의 얼굴을 사실적으로 그린 자화상으로 유명해.

정재원과 해남 윤씨 사이에서는 아들 셋과 딸 하나가 태어났어. 맏아들이 정약전, 둘째가 정약종, 막내가 정약용이었지. 정약전은 손암·연경재·매심 등 여러 호를 사용했어. 이 가운데 정약용이 형을 '손암 선생'이라고 불렀다는 기록에서 보듯, 손암이 가장 널리 알려진 호야.

아버지를 따라 한양으로 올라온 정약전은 권철신이라는 학자의 가르침을 받았어. 권철신은 실학 발전에 중요한 역할을 한 인물이었지. 훗날 그는 천주교를 깊이 믿게 되었고, 이 때문에 순조 시대에 일어난 **신유박해**로 옥에 갇히게 돼. 결국 심한 고문과 병으로 감옥에서 생을 마쳤단다.

지식 더하기

신유박해

1801년 순조 때 조선에서 일어난 대규모 천주교 탄압 사건이야. 정조가 죽은 뒤 보수 세력인 노론 벽파가 정권을 잡으면서 반대파를 몰아내기 위해 천주교를 빌미 삼아 일으킨 대대적인 정치적 박해였지. 그들은 천주교를 유교 질서를 해치는 위험한 사상이라는 이유로 강하게 탄압했어. 이 과정에서 최초의 외국인 신부인 주문모 신부와 정약종 같은 천주교 지도자들이 처형되었고, 최초로 세례를 받았던 이승훈과 정약용 집안이 큰 피해를 입었어.

정약용은 형에 대해 "어릴 때부터 남다른 재능을 지녔고, 타고난 기질이 매우 뛰어났다"라고 기록했어. 정약전이 얼마나 비범한 인물이었는지 알 수 있는 대목이지.

정약전과 정약용은 어린 시절부터 함께 공부했어. 아버지가 전라도 화순의 관리로 부임했을 때 두 형제는 동림사에서 40일 동안 머물며 경전을 읽었어. 절에서 지내며 오로지 공부에만 집중한 시간이었지.

이때 정약용은 《맹자》를 읽었는데 이해하기 어려운 내용이 나올 때마다 《상서(서경)》를 읽고 있던 형에게 질문했지. 그러면 정약전은 명쾌하게 풀어 설명해 주었어. 《맹자》와 《상서》는 조선 시대 선비들이 반드시 익혀야 했던 기본 교과서로, '사서오경'에 속하는 중요한 유학 경전이야. 이런 어려운 책을 술술 설명해 줄 수 있었으니, 정약전의 학문 수준이 얼마나 높았는지 짐작할 수 있지.

정약용은 형과 함께 공부하는 시간이 무척 즐거웠다고 회상하며 훗날 이런 글을 남겼어.

"중이 중노릇하는 이유를 내가 지금 알았습니다.
… 우리 형제가 학문을 한 지 이미 여러 해 되었는데,
일찍이 동림사에서 맛본 것 같은 즐거움이 또 있었습니까?"
했더니, 둘째 형님도 이렇게 말했다.
"그렇다. 그것이 중노릇하는 까닭일 것이다."
－《다산시문집》, 제13권, 〈동림사 독서기〉 중에서

서울 강남구 삼성동에 가면 무역센터 코엑스를 비롯해 고층 빌딩들이 빽빽하게 들어서 있어. 그런데 그 화려한 빌딩 숲 한가운데에 아주 오래된 절 하나가 자리하고 있단다. 그 절은 봉은사

빌딩숲 사이에 자리한 봉은사

야. 정약전과 정약용 형제는 1782년 봉은사에 머물며 약 15일 동안 함께 지냈어. 두 형제는 절에서 경전을 읽고 서로의 생각을 나누며 우애를 다졌지. 이때도 형과 함께 공부하며 지내는 시간이 무척 만족스럽고 행복했던 정약용은 그 마음을 시로 남겼어.

… 울창하게 우거진 숲속 나무들

둘러보며 답답한 마음 푸는데 …

우리의 아름다운 아가위꽃이

집 안팎에서 서로 비치어

너그럽게 대하고 격려도 하니

가슴속에서 정성이 일어나는구나

－《다산시문집》, 제1권, 〈절에서 잠을 자며〉 중에서

시 속에 나오는 '아가위꽃(체화)'은 중국 고전에서 '사이좋은 형제'를 비유할 때 쓰이던 표현이야. 정약용은 이 말을 빌려 형과의 돈독한 관계를 은근히 드러낸 것이지.

특히 흥미로운 점은 오늘날 고층 빌딩과 자동차로 가득한 삼성동 일대가 18세기에는 나무가 울창하고 자연이 살아 숨 쉬는 공간이었다는 사실이야.

정조에게 인정받은 글솜씨

정약전은 아버지가 나라의 재정을 맡는 호조 좌랑에 임명되면서 한성에 살게 되었어. 지금의 서울로 이사한 거지. 그 무렵 그는 이벽과 이승훈 같은 젊은 학자들과 교류하며 서학을 공부했어. 서학은 서양에서 들어온 새로운 문물을 연구하는 학문이었는데, 이 과정에서 정약전은 천주교에도 자연스럽게 관심을 기울이게 되었지.

1777년에는 경기도 여주의 주어사라는 절에서 서학을 공부하는 모임이 열렸어. 이 모임은 학자 권철신이 이끌었고, 정약전도 여기에 참여해 다른 학자들과 생각을 나누며 서학에 몰두했

단다. 특히 그는 수학과 하늘의 움직임을 계산해 달력을 만드는 학문인 역법에 큰 흥미를 보였다고 해.

정약전은 유교 사상인 성리학을 공부하면서도 서학을 함께 탐구했어. 학문적 깊이가 남달랐고 글 솜씨도 뛰어났지. 이후 정조 때인 1783년, 시험에 합격해 진사가 되었어. 그다음 해에는 사돈이었던 이벽의 권유로 천주교 신자가 되었고, 외사촌 동생 윤지충에게도 천주교를 전했어.

1790년, 문제가 터지고 말았어. 윤지충은 우상을 섬기지 않겠다는 이유로 조상에게 제사를 지낼 때 모시는 신주를 불태웠고, 이 일이 드러나면서 처형되었어. 정조 때 일어난 신해박해였지. 한편 정약전은 관직에 나아가고자 했어. 이 일이 있기 1년 전인 1789년, 정약전은 진사가 된 지 6년 만에 다시 과거 시험에 도전해 문과에 급제했어. 그는 합격자 가운데에서도 비교적 높은 등급인 병과로 붙었지.

이후 정약전은 관직 생활을 시작해 군사 업무를 담당하던 병조 좌랑까지 올랐어. 그러다가 1801년 천주교를 탄압한 신유박해가 일어나면서 벼슬을 빼앗기고 유배를 떠나게 되었지. 그때까지 약 10년 동안 중앙 정치 무대에서 활발하게 활동했어.

그보다 앞선 시기, 정약전은 정조의 명을 받아 10권으로 이루어진 《영남인물고》라는 책을 편찬했어. 이 책은 영남 지역의 뛰어난 인물들을 정리한 기록이었는데, 작업 과정이 무척 까다로웠다고 해. 인물의 생애를 정리한 자료와 묘비명, 추모 글, 말과 행동을 기록한 여러 문헌을 두루 비교하고 검토한 뒤 종합적인 평가를 내려야 했기 때문이야. 이런 꼼꼼한 작업 덕분에 정약전의 저술 활동은 높은 평가를 받았어.

정조는 "형만 한 아우가 없다"라고 말하며 정약용 형제를 높이 평가했어. 특히 정약용은 정약전보다 먼저 관직에 나아가 정조의 깊은 신임을 받고 있었지. 《다산시문집》에 실린 〈선중씨묘지명〉에 따르면, 정조는 두 형제를 나란히 두고 이렇게 표현했다고 해.

형제는 어쩌다 유배를 떠났을까?

정조의 깊은 사랑을 받았던 정약전이었지만, 정조가 갑작스럽게 세상을 떠나고 어린 순조가 왕위에 오르면서 그의 삶은 크게 흔들렸어. 1801년 신유박해가 일어나자 정약전의 스승과 일가친척, 형제들까지 화를 입었지. 이때 모진 고문 끝에 목숨을

정약전의 첫 유배지였던 신지도의 해수욕장 © 완도군청; 위키미디어

잃은 사람도 있었고, 먼 곳으로 귀양을 간 이들도 있었어.

정약전은 이미 1791년 외사촌 윤지충이 처형된 신해박해, 곧 '진산 사건' 이후 천주교와 관계를 끊었다고 주장했어. 하지만 조정은 이를 믿지 않았고, 그는 심한 고문을 받은 뒤 몸이 크게 상한 채로 전라남도 신지도라는 섬으로 유배를 떠나게 되었지.

그런데 뒤이어 배다른 형 정약현의 사위인 황사영이 천주교의 상황을 적어 외국에 알리려 했던 글이 발견되면서, 정약전은

정약전

정약전의 유배지였던 흑산도 바다 ⓒ Gaël Chardon; 위키미디어

다시 한성으로 끌려와 더욱 엄한 심문을 받았어. 결국 유배지는 육지에서 더 멀고 험한 섬인 흑산도로 바뀌었지. 그나마 다행인 점은 사랑하는 동생 정약용과 함께 길을 떠날 수 있었다는 거야.

하지만 두 형제가 함께하는 시간은 길지 않았어. 얼마 안 가 서로 다른 길로 헤어져야 하는 순간이 찾아왔지. 그들은 전라남도 나주의 성북 율정점이라는 주막에서 마지막 밤을 보냈어. 이 밤이 지나면 한 사람은 흑산도로, 다른 한 사람은 전라남도 강진으로 떠나야 했지. 살아서 다시 만날 수 있을지는 아무도 알 수 없었어. 실제로 그곳은 두 형제가 함께 머문 마지막 장소가 되었단다. 정약전은 끝내 유배에서 풀려나지 못하고 1816년에 생을 마쳤기 때문이야.

정약용은 이 생이별의 순간을 시로 남겼어.

제일 미운 것은 율정 주점의

문 앞길이 두 갈래로 난 것이네

원래 한 뿌리에서 태어났는데

낙화처럼 뿔뿔이 흩날리다니

… 북풍이 나를 몰고 오다가

오다가 오다가 바다를 만나 멈더니

우리 형은 더 거센 바람을 만나

깊은 바다 속까지 들어갔다네

－《다산시문집》, 제5권, 〈손암에게 받들어 올리다〉 중에서

이 시에서 정약용은 갈림길 앞에서 헤어져야 했던 형제의 운명과, 다시는 만날 수 없을지도 모른다는 두려움과 슬픔을 바람과 바다에 빗대어 표현했어. 같은 뿌리에서 태어났지만 서로 다른 길로 흩어질 수밖에 없었던 형제의 마음이 고스란히 담겨 있지.

고난에도 지지 않는 마음

조선 시대에 유배를 가면 울타리 없는 감옥과 같은 생활을 해야 했어. 정해진 지역에서 벗어날 수 없었고, 먹을 것과 입을 것, 잠잘 곳까지 모두 스스로 해결해야 했거든. 그래서 유배는 자유가 제한된 삶이자 생계를 직접 책임져야 하는 가혹한 형벌이었단다.

학문에 밝았던 정약전과 정약용 형제는 각자의 유배지에서 서당을 열었어. 아이들을 가르치고, 그 부모들이 보내 주는 약간의 사례로 생활을 이어 갔지. 흑산도에 머문 정약전은 섬 주민들과 가까이 지내며 어울렸고, 학식과 인품을 인정받아 깊은 신뢰를 얻었어. 덕분에 그는 흑산도 바다에서 나는 여러 생물에 대해 주민들에게 직접 묻고 자세한 설명을 들을 수 있었지. 이러한 경험은 훗날 조선에서 처음으로 해양 생물을 체계적으로 정리한 책 《자산어보》를 쓰는 데 큰 밑거름이 되었어.

유배지에 있으면서도 두 형제의 학문적 교류는 계속되었어. 편지를 자주 주고받으며 서로에게 힘이 되어 주었지. 정약용은 새로운 글을 쓰면 가장 먼저 형에게 의견을 구했고, 정약전은 정성을 다해 조언했어. 바닷물의 높낮이, 곧 조수 간만의 차가 달의 움직임과 관련 있다는 생각을 정약용에게 전하기도 했지.

정약용은 외딴섬에서 지내는 형의 건강을 걱정하며 생활에 도움이 될 조언을 편지에 담아 보냈어. 섬에 들개가 많다는 소식을 듣고 식량을 마련하는 방법을 자세히 알려 주기도 했지. 열악한 유배 생활 속에서도 형을 염려하고 보살피려 했던 다산의 마음을 보여 주는 대목이야.

정약전은 유배지에서도 꾸준히 저술 활동을 이어 간 것으로 보이지만, 오늘날까지 전해지는 책은 《자산어보》, 《송정사의》, 《표해록》 세 권뿐이야. 《송정사의》에서는 나라의 산림 정책이 지닌 문제점을 지적하고, 해결 방안을 함께 제시했어. 《표해록》은 어부 문순득이 바다에서 길을 잃고 중국과 안남(지금의 베트남), 유구(지금의 일본 오키나와)까지 떠돌았던 경험을 기록한 글로, 정약전이 그의 이야기를 정리해 쓴 표류 기행문이지.

해양 생물 백과사전 《자산어보》

우리나라 최초의 해양 생물 백과사전으로 평가받는 《자산어보》는 정약전이 흑산도에서 집필한 세 책 중에서 가장 유명해. 그런데 왜 책 제목이 '흑산어보'가 아니라 '자산어보'가 되었을까? 정약전은 책의 서문에서 원래 지명인 '흑산' 대신 '자산'이라는 이름을 쓴 까닭을 밝혔어. '흑산'이라는 말이 어둡고 음침하게 느껴져 가족에게 편지를 쓸 때도 일부러 '자산'이라고 불렀고, 책 제목도 그렇게 정했다는 거야. 일부 연구자들은 자玆 자가 '검을

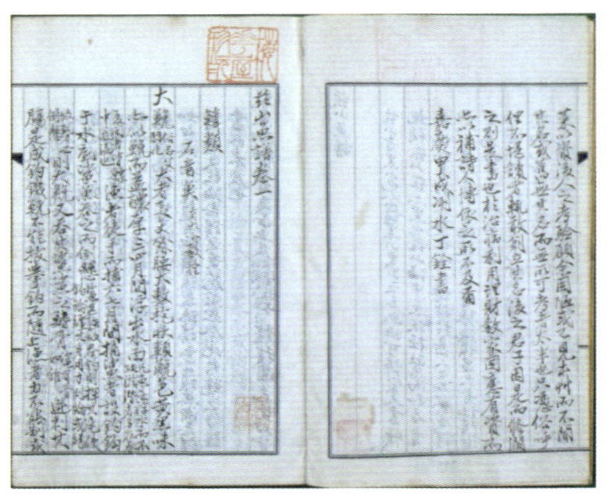

정약전이 흑산도에서 집필한 《자산어보》 ⓒ 자산어보; 한국민족문화백과사전

현'으로도 읽힐 수 있다며, 이 책의 제목을 《자산어보》가 아니라 《현산어보》로 읽어야 한다고 주장하기도 해.

정약전은 책을 쓰기 위해 섬사람들을 직접 찾아다니며 조사했어. 하지만 물고기 이름이 지역마다 달라 정확하지 않은 경우가 많았지. 이때 큰 도움을 준 인물이 장덕순, 다른 이름으로 장창대라고 불린 어부였어. 정약전은 독학으로 지식을 쌓은 이 어부의 도움 덕분에 《자산어보》를 완성할 수 있었다고 밝혔단다.

《자산어보》는 모두 3책, 1권으로 이루어져 있어. '책冊'은 오늘날로 치면 주제를 말해. 해양 생물을 1권 '인류', 2권 '무린류'와 '개류', 3권 '잡류'로 나누어 정리했어. 모두 합해 55개 항목, 226종의 해양 생물을 체계적으로 기록한 거야. 정말 대단하지?

먼저 '인류'는 비늘이 있는 물고기를 가리켜. 20류 72종이 실려 있고, 석수어·치어·강항어·사어·검어·접어·소구어·도어·청어·전어·대두어 등 다양한 물고기를 기록했어.

비늘이 없는 물고기를 모은 '무린류'에는 해만려·해점어·돈어·오적어·해돈어처럼 이름이 낯선 생물도 있고, 우리가 잘 아는 장어도 포함되어 있어. 여기에는 19류 43종이 실려 있지.

'개류'에는 해구·해·복·합·감·점·담채 등 12류 66종의 갑각류와 조개류가 기록되어 있어. 또 '잡류'에는 해충·해금·해수·해초 등 4류 45종의 바다 식물과 그 밖의 생물이 실려 있단다.

그렇다면 《자산어보》에서는 이러한 생물들을 어떤 방식으로 다루었을까? 그 내용을 일부 들여다보자.

"대면은 큰 것은 길이가 열 자쯤 되고, 몸통은 두 뼘 정도다. 모양은 민어를 닮았고, 빛깔은 누렇고 검다. 맛도 민어와 비슷하나 더 진하다. 음력 3~4월에 물 위에 떠오르며, 이때 어부들이 맨손으로 잡는다."

"장어는 비늘이 없고 미끄럽다. 진흙을 좋아해 물속에 숨어 지내며, 맛이 달고 기운을 북돋운다."

"복어는 스스로 몸을 부풀릴 수 있고 독이 매우 강해 잘못 먹으면 위험하다. 하지만 살의 맛은 좋다."

"아귀는 입이 항아리처럼 크고 배가 볼록하다. 머리에 뿔처럼 생긴 돌기가 있어 작은 물고기를 끌어들인다."

"문어는 항아리처럼 생겼고 다리가 여덟 개다. 색깔을 바꿀 수 있으며, 물체를 만나면 다리로 감싼다. 주로 바위틈이나 구멍 속에 산다. 살은 희고 맛이 좋아 국이나 회로 만들어 먹을 수 있다."

"전복은 바위에 붙어 산다. 껍질은 거칠지만 속은 매끄럽다. 살의 맛이 달고 좋으며, 약으로 쓸 수 있어 기를 돋우고 정기를 더해 준다."

– 《자산어보》 중에서

정말 '물고기 덕후'라는 말이 잘 어울리지 않니? 평생 붓을 들고 글을 쓰던 사대부였던 정약전은 바다에서 직접 고기를 잡아 본 경험이 거의 없었어. 그런데도 그는 수백 종에 이르는 해양 생물을 조사해 자세히 기록한 거야.

그는 물고기의 생김새·습성·맛·쓰임새를 꼼꼼히 정리했어. 먹을 때 주의할 점도 빠뜨리지 않았지. 언제 잡히는지, 어떤 방법으로 잡는지, 약으로 쓸 때는 무엇을 조심해야 하는지도 적어 두었어. 섬사람들의 경험담도 소중히 여겨 언제는 많이 잡혔고, 어느 때부터는 줄어들었다는 이야기까지 기록했단다. 물고기뿐 아니라 게와 새우 같은 갑각류와 해초류까지 함께 다루었으니,

오늘날의 생태 기록으로서도 의미가 매우 커.

끝내 이루어지지 못한 만남

1814년, 정약용이 유배지에서 형 정약전에게 편지를 보냈어. 곧 유배에서 풀려날 것 같으니 형이 있는 섬으로 가서 만나고 싶다는 내용이었지. 편지를 받은 정약전은 얼마나 기뻤을까? 하지만 그는 바다를 건너 본 적 없는 동생이 먼 섬까지 오는 일이 걱정되었어. 그래서 자신이 육지와 더 가까운 섬으로 나가겠다고 답장을 보냈지. 그런데 정약전을 깊이 따르던 섬사람들이 그를 쉽게 보내 주지 않았다고 해. 그는 새벽에 몰래 배를 구해 섬을 빠져나가려 했지만 결국 들켜 다시 돌아와야 했어. 이렇게 두 형제는 끝내 만나지 못했단다.

정약전은 순조 16년이던 1816년, 흑산도 우이도에서 병을 얻어 세상을 떠났어. 그때 그의 나이는 쉰여덟 살이었지. 이 소식을 들은 정약용의 마음은 이루 말할 수 없이 무너져 내렸을 거야. 형은 단순한 가족이 아니라 학문을 함께 나눈 가장 가까운 벗이었고, 유배라는 힘든 시간을 서로 의지하며 견뎌 온 존재였으니까. 그런 형을 다시 만나지 못한 채 떠나보내야 했으니 그 슬픔이 얼마나 깊었겠어.

가슴이 타는 듯한 심정으로, 정약용은 아들에게 보내는 편지에 이렇게 적었어.

정약전은 세상을 떠났지만, 그가 남긴 《자산어보》는 오늘날까지도 읽히고 있어. 모든 것을 내려놓은 채 바다 한가운데 외딴섬에서 유배 생활을 하면서도 그는 절망에 머물러 있지 않았어. 눈앞에 펼쳐진 바다를 새로운 배움의 장으로 삼았고, 그곳에서 학문에 대한 열정을 이어 갔지. 삶이 바닥까지 떨어진 듯한 상황에서도 포기하지 않았다는 점에서 그의 모습은 깊은 울림을 줘.

유배지에서 바다에 꽂힌 물고기 덕후

정약전은 실학자로서 백성들의 생활에 실제로 도움이 되는 학문이 무엇인지도 몸소 보여 주었어.

절망을 딛고 다시 일어나 새로운 길을 찾아 나선 그의 태도는 오늘을 살아가는 우리에게도 큰 가르침을 줘. 스스로 길을 개척해 나간 용기 있는 모습이기 때문이야. 정약전의 학문적 열정과 자연, 특히 우리의 생태계를 아끼고 사랑했던 마음은 이제 우리가 이어 가야 할 몫이겠지. 자연의 소중함을 깨닫는 일, 거기서부터 시작이야. 그리고 모두가 힘을 모아 우리의 생태계를 지켜 나가야 해.

조선 최초의
천주교 신자들

조선 역사에서 처음으로 일어난 천주교 박해는 1791년 정조 때의 '신해박해'야. 그러나 신해박해는 정약전의 외사촌 동생인 윤지충과 권상연 두 사람이 처형되는 선에서 마무리되었어. 반면 1801년 순조 때 일어난 '신유박해'는 훨씬 큰 사건으로, 정약용의 집안 역시 큰 피해를 입었단다.

조선에서 가장 먼저 천주교 신앙을 받아들인 사람 가운데 한 명은 이벽이었어. 이벽은 정약전의 배다른 맏형인 정약현의 처남으로, 정약전 집안과 가까운 인물이었지. 그는 서학을 연구하다가 이탈리아 선교사 마테오 리치가 쓴 《천주실의》 등을 읽고 깊은 감동을 받아 천주교 신자가 되었다고 전해져. 이후 마침 청나라에 가게 된 이승훈에게 그곳에 와 있는 신부를 만나 세례를 받아 보라고 권했어.

이승훈 역시 정약전 집안과 사돈 관계였어. 그는 정약전의 누이와 혼인해 정약전과 처남, 매부 사이였지. 이승훈은 외교 사절단에 속한 아버지 이동욱을 따라 청나라 연경에 갔고, 그곳에서 조선 최초로 세례를 받은 신자가 되었어. 그의 세례명은 베드로야. 성경에는 베드로가 첫닭이 울기 전에 예수를 세 번 배반한다는 이야기가 나오지. 우연인지 모르지만, 이승훈은 가문과 부모를 생각해 세 차례나 천주교 신자가 아니라고 부인했어. 그러나

결국 마음을 굳히고 1801년 신유박해 때 천주교 신자임을 밝히면서 처형
되었단다.

신유박해로 정약전 집안도 큰 피해를 입었지. 정약전의 바로 아래 동생
인 정약종이 처형되었어. 당시 천주교 신자들을 이끌었다는 이유로 이가환
도 고문을 받다가 목숨을 잃었어. 이가환은 정조 때 형조 판서를 지낸 남인
계열의 거물급 인사였지. 그는 이승훈의 숙부였으며, 그의 외손자가 정약현
의 사위인 황사영이어서 정약전 집안과도 사돈 관계로 이어져 있었어.

중학교	고등학교

역사2

Ⅳ 조선의 성립과 발전

　1. 조선의 성립

　2. 사림의 성장과 성리학적 질서의
　　확산

　3. 왜란과 호란

Ⅴ 조선 사회의 변동

　1. 왜란과 호란 이후 체제의 재정비

　2. 조선 후기 문화의 변화

한국사1

Ⅰ 근대 이전 한국사의 이해

　3. 조선의 성립과 발전

Ⅱ 근대 이전 한국사의 탐구

　1. 국제 관계와 대외 교류

　3. 신분제에 기반한 사회 구조

　4. 조선 전기의 사상과 문화 교류

참고 자료

원사료

《조선왕조실록》

《승정원일기》

《일성록》

신숙주, 《보한재집》

이긍익, 《연려실기술》

장계향, 《음식디미방》

이덕무, 《청장관전서》 제20권, 〈아정유고〉

정약전, 《자산어보》

정약용 《다산시문집》

책

한흥섭, 《아악혁명과 문화영웅》, 소나무, 2010

한흥섭, 《조선 시대의 악 사상》, 소나무, 2012

구만옥, 《세종시대의 과학기술》, 들녘, 2016

김종록, 《장영실은 하늘의 보았다》, 알에이치코리아, 2016

이용삼 엮음, 《조선시대 천문의기》, 민속원, 2016

남문현, 《장영실과 자격루》, 서울대 출판부, 2002

신숙주, 허경진 옮김, 《해동제국기》, 보고사, 2020

성현, 이대형 옮김, 《용재총화》, 서해문집, 2022

서거정, 박홍갑 옮김, 《필원잡기》, 지식을 만드는 지식, 2013

신병주, 《참모로 산다는 것》, 매경출판, 2019

허경진, 《허난설헌 강의》 보고사, 2021

허난설헌, 나태주 옮김, 《그대 만나려고 물 너머로 연밥을 던졌다가》, 알에이치코리아,
    2018

허난설헌, 허경진 옮김, 《허난설헌전집 1》 평민사, 2024

황진이·허난설헌·이옥봉·매창, 반야도 편집, 《황진이, 허난설헌, 이옥봉, 매창 시집》,
    디즈비즈북스, 2023

이동문, 《허초희의 일생》, 좋은땅, 2025

안나미, 《조선 금수저의 슬기로운 일상탐닉》 의미와재미 2021

세계김치연구소, 《한국 종가의 내림 발효 음식》, 쿠켄, 2015

국립문화재연구소, 《종가의 제례와 음식 9》, 월인출판사, 2006

백두현, 《음식디미방 주해》, 글누림, 2015

주영하 외, 《음식디미방과 조선시대 음식문화》, 경북대학교 출판부, 2017

정민, 《미쳐야 미친다》, 푸른역사, 2004

한정주, 《조선 지식인의 아름다운 문장》, 포럼, 2007

이덕무, 한정주 옮김,《문장의 온도》, 다산초당, 2018

고전연구회 사암,《조선의 선비 서재에 들다》, 포럼, 2008

고전연구회 사암·엄윤숙·한정주,《조선 지식인의 비평 노트》, 포럼, 2015

이수광,《공부에 미친 16인의 조선 선비들》, 해냄, 2012

다산초당,《조선 최고의 문장 이덕무를 읽다》, 다산초당, 2016

박종채, 박희병 옮김,《나의 아버지, 박지원》, 돌베개, 2013

안대회,《청장관 이덕무 연구》, 학자원, 2019

이덕무, 한정주 옮김,《시의 온도》, 다산초당, 2020

정민,《고전, 발견의 기쁨》, 태학사, 2022

이덕무, 허경진 옮김,《청장관 이덕무 시선》, 평민사, 2023

주영하,《조선의 미식가들》, 휴머니스트, 2019

서영상,《신 자산어보》, 아카데미 서적, 2015

정약전·이청, 정명현 옮김,《자산어보》, 서해문집 2016

정약전, 권경순 옮김,《자산어보(초판본)》, 더스토리, 2021

논문

김세중·오양수, 〈세종조 율관 제작의 비판적 재구성〉,《국악원논문집》 52, 2025

김인숙, 〈박연 악기 제작에 관한 배경적 고찰: 율관 제작을 중심으로〉,
　　《한국음악문화연구》 14, 2019

문중양, 〈세종대 박연의 율관 제작: 고악 구현의 난제〉,《동방학지》 192, 2020

박정련, 〈현대적 관점에서 본 난계(蘭溪) 박연(朴堧)의 음악관〉,《민족문화논총》 43,
　　2009

서범봉, 〈조선시대 사가독서제의 교육적 성격〉,《한국교육학연구》 9, 2003

남지대, 〈신숙주 – 공신의 길을 택한 학자〉,《내일을 여는 역사》 6, 2001

한성주, 〈조선 세조대 '여진 화해사'에 대한 연구 – 신숙주의 파견을 중심으로〉,
    《동북아역사논총》 38, 2012

이기범, 〈보한재 신숙주의 문예사상과 서예〉, 《漢文古典研究》 35, 2017

나천수, 〈신숙주, 충·불충을 다시보다〉, 《원불교사상과 종교문화》 84, 2020

박현모, 〈신숙주의 '내수(內修)외교론' 연구〉, 《한국동양정치사상사연구》 17, 2018

신병주, 〈조선 전기 격동기 신숙주의 정치적 역할과 그 의미〉, 《동국사학》 68, 2020

김종성, 〈장영실의 자격루에 있어서 방목의 구조와 작동원리에 대한 새로운 가설〉,
    《한국정보기술학회논문지》 21, 2023

윤용현·기호철, 〈세종의 흠경각 건립 의미와 옥루의 구조〉, 《민족문화》 49, 2017

강명혜, 〈허난설헌 작품의 미학적 특성〉, 《온지논총》 43, 2015

이화형, 〈허난설헌 삶과 문학에 나타난 '주체와 자유'의식 고찰〉, 《우리문학연구》 50,
    2016

박현규, 〈1597년 1597년 許筠 선록본 허난설헌 『蘭雪詩翰』 고찰〉, 《한문학논집》 43,
    2016

황혜영, 〈이덕무 작품에 나타난 삶으로서의 독서〉, 《독서연구》 26, 2011

송혜영, 〈아정 이덕무의 음식관〉, 《동양문화연구》 40, 2024

권정원, 〈이덕무의 청대고증학 수용〉, 《한국한문학연구》 58, 2015

권정원, 〈청장관전서를 통해 살펴본 조선후기 서얼문인들 – 이덕무의 벗들을
    중심으로〉, 《석당논총》 80, 2021

노병성, 〈이덕무의 출판사상에 관한 연구 : 서적관을 중심으로〉, 《한국출판학연구》 45,
    2019

조숙정, 〈손암 정약전과 《자산어보(玆山魚譜)》 – 19세기 한국의 민족생물학적 지식을
    탐구하다〉, 《해양유산》, 2024

정두희, 〈천주교 신앙과 유배의 삶, 다산의 형 정약전〉, 《역사비평》 13, 1990

최성환, 〈정약전의 흑산도 유배생활과 저술활동〉, 《지역과역사》 36, 2015

다른 인스타그램

뉴스레터 구독

왕을 사로잡은 조선의 덕후들

과학부터 예술까지, 취미로 역사를 바꾸다

초판 1쇄 2026년 4월 26일

지은이 송영심

펴낸이 김한청
기획편집 원경은 차언조 양선화 양희우 장민기
마케팅 정원식 이진범
디자인 이성아 황보유진
운영 설채린

펴낸곳 도서출판 다른
출판등록 2004년 9월 2일 제2013-000194호
주소 서울시 마포구 동교로 27길 3-10 희경빌딩 4층
전화 02-3143-6478 **팩스** 02-3143-6479 **이메일** khc15968@hanmail.net
블로그 blog.naver.com/darun_pub **인스타그램** @darunpublishers

ISBN 979-11-5633-772-0 44000
      979-11-5633-437-8 (세트)

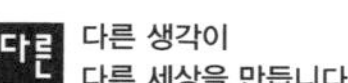